1+X 职业技术·职业资格培训教材

二级 第3版

ENTERPRISE HUMAN RESOURCE PROFESSIONAL

企业人力资源管理师

职业技能鉴定辅导练习

编审委员会

主　任　张　岚　黄卫来

委　员　顾卫东　葛恒双　孙兴旺　葛　玮　李　晔　刘汉成

执行委员　李　晔　瞿伟洁　夏　莹　张亚平　任余礼

编审人员

主　编　任余礼

编　者　李旭旦　林志军　任中玥

主　审　张亚平

中国劳动社会保障出版社

图书在版编目(CIP)数据

企业人力资源管理师（二级）职业技能鉴定辅导练习/人力资源和社会保障部教材办公室等组织编写. -- 3版. -- 北京：中国劳动社会保障出版社，2018

1+X职业技术·职业资格培训教材

ISBN 978-7-5167-3415-5

Ⅰ.①企… Ⅱ.①人… Ⅲ.①企业管理-人力资源管理-职业培训-习题集 Ⅳ.①F272.92-44

中国版本图书馆CIP数据核字(2018)第057233号

中国劳动社会保障出版社出版发行

（北京市惠新东街1号 邮政编码：100029）

*

三河市华骏印务包装有限公司印刷装订 新华书店经销

787毫米×1092毫米 16开本 14.25印张 275千字

2018年4月第3版 2019年4月第2次印刷

定价：33.00元

读者服务部电话：(010) 64929211/84209103/84626437

营销部电话：(010) 84414641

出版社网址：http://www.class.com.cn

内 容 简 介

本辅导练习由人力资源和社会保障部教材办公室、中国就业培训技术指导中心上海分中心、上海市职业技能鉴定中心依据上海 1+X 企业人力资源管理师（二级）职业技能鉴定细目组织编写，是《1+X 职业技术·职业资格培训教材——企业人力资源管理师（二级）第 2 版》（以下简称“教材”）的配套用书，为读者学习教材核心内容，检验所学知识和技能提供有益的帮助。

本辅导练习按单元进行编写，每一单元与教材中的各个篇相对应，提供有针对性的辅导练习题。辅导练习题配有答案，便于读者检验和巩固所学的内容。为方便读者熟悉企业人力资源管理师（二级）的鉴定考核形式，本辅导练习最后提供了企业人力资源管理师（二级）鉴定方案，并提供了相应的模拟试卷、参考答案及评分细则，以便读者对自己学习、掌握知识和技能的总体情况有一个正确的认识。

本辅导练习可作为企业人力资源管理师（二级）职业技能培训与鉴定考核的辅导练习用书，也可供全国中高等职业院校相关专业学生，以及相关从业人员参加二级企业人力资源管理师岗位培训和就业培训使用。

改版说明

《1+X职业技术·职业资格培训教材——人力资源管理师职业技能鉴定辅导练习》自2007年出版以来深受从业人员的欢迎，在企业人力资源管理师（二级）职业资格鉴定、职业技能培训和岗位培训中发挥了很大的作用。

2014—2015年，根据人力资源管理理论发展和国内实践的最新情况，以及人力资源政策法规的变化，人力资源和社会保障部教材办公室、中国就业培训技术指导中心上海分中心、上海市职业技能鉴定中心分别重新组织编写了第2版教材和辅导练习。

近年来，随着社会的发展和经济形势的变化，人力资源管理的价值日益凸显，“人力资源是第一资源”这一概念已经深入人心，人力资源管理是企业发展战略得以实现的基础和保证。为了使学员更好地掌握重点，与时俱进，本次对第2版辅导练习进行修订。本次修订广泛听取了学员、培训师、管理师和业内专家的意见，在三个方面做了调整：一是适应2015年以来相关政策法规的变化，深入透彻地检验人力资源管理的理论与实践；二是调整、修订并增加了部分技能案例题和模拟题，推动人力资源管理理论和实践的结合，更突出重点；三是专业英语部分内容更新了表述。

希望本辅导练习能更有效地帮助读者学习教材的核心内容，并且检验所学知识和技能的掌握程度。

前　　言

职业培训制度的积极推进，尤其是职业资格证书制度的推行，为广大劳动者系统地学习相关职业的知识和技能，提高就业能力、工作能力和职业转换能力提供了可能，同时也为企业选择适应生产需要的合格劳动者提供了依据。

随着我国科学技术的飞速发展和产业结构的不断调整，各种新兴职业应运而生，传统职业中也愈来愈多、愈来愈快地融进了各种新知识、新技术和新工艺。因此，加快培养合格的、适应现代化建设要求的高技能人才就显得尤为迫切。近年来，上海市在加快高技能人才建设方面进行了有益的探索，积累了丰富而宝贵的经验。为优化人力资源结构，加快高技能人才队伍建设，上海市人力资源和社会保障局在提升职业标准、完善技能鉴定方面做了积极的探索和尝试，推出了1＋X培训与鉴定模式。1＋X中的1代表国家职业标准，X是为适应经济发展的需要，对职业的部分知识和技能要求进行的扩充和更新。随着经济发展和技术进步，X将不断被赋予新的内涵，不断得到深化和提升。

上海市1＋X培训与鉴定模式，得到了国家人力资源和社会保障部的支持和肯定。为配合上海市开展的1＋X培训与鉴定的需要，人力资源和社会保障部教材办公室、中国就业培训技术指导中心上海分中心、上海市职业技能鉴定中心联合组织有关方面的专家、技术人员共同编写了职业技术·职业资格培训教材。

职业技术·职业资格培训教材严格按照1＋X鉴定考核细目进行编写，教材内容充分反映了当前从事职业活动所需要的核心知识与技能，较好地体现了适用性、先进性与前瞻性。聘请编写1＋X鉴定考核细目的专家和相关行业的专家参与教材的编审工作，保证了教材内容的科学性及与鉴定考核细目、题库的紧密衔接。

职业技术·职业资格培训教材突出了适应职业技能培训的特色，使读者通过学习与培训，不仅有助于通过鉴定考核，而且能够有针对性地进行系统学习，真正掌握本职业的核心技术与操作技能，从而实现从懂得了什么到会做什么的飞跃。

职业技术·职业资格培训教材立足于国家职业标准，也可为全国其他省市开展新职业、新技术职业培训和鉴定考核，以及高技能人才培养提供借鉴或参考。

新教材的编写是一项探索性工作，由于时间紧迫，不足之处在所难免，欢迎各使用单位及个人对教材提出宝贵意见和建议，以便教材修订时补充更正。

人力资源和社会保障部教材办公室
中国就业培训技术指导中心上海分中心
上海市职业技能鉴定中心

目 录

第一单元　人力资源规划

一、学习要求 …… 3
二、职业鉴定考核要点 …… 3
三、练习题 …… 4
四、参考答案 …… 15

第二单元　招聘与配置

一、学习要求 …… 21
二、职业鉴定考核要点 …… 21
三、练习题 …… 22
四、参考答案 …… 32

第三单元　培训与开发

一、学习要求 …… 39
二、职业鉴定考核要点 …… 39
三、练习题 …… 41
四、参考答案 …… 51

第四单元　绩效管理

一、学习要求 …… 57
二、职业鉴定考核要点 …… 57
三、练习题 …… 58
四、参考答案 …… 68

第五单元　薪酬福利管理

一、学习要求 …… 75
二、职业鉴定考核要点 …… 75

三、练习题 …… 76
四、参考答案 …… 86

第六单元　劳动关系管理

一、学习要求 …… 93
二、职业鉴定考核要点 …… 93
三、练习题 …… 94
四、参考答案 …… 105

第七单元　专业英语

一、学习要求 …… 111
二、练习题 …… 111
三、参考答案 …… 165

企业人力资源管理师（二级）鉴定方案 …… 178
理论知识考试模拟试卷 …… 179
理论知识考试模拟试卷参考答案 …… 193
专业技能模拟试卷一 …… 194
专业技能模拟试卷一参考答案 …… 197
专业技能模拟试卷二 …… 200
专业技能模拟试卷二参考答案 …… 203
专业英语模拟试卷 …… 206
专业英语模拟试卷参考答案 …… 212
综合能力测试模拟试卷 …… 215
综合能力测试模拟试卷参考答案 …… 216

1

第一单元

人力资源规划

一、学习要求

通过本单元的学习，学员应掌握人力资源规划组织管理、组织设计与工作再设计、人力资源预算管理等知识要点；熟悉人力资源规划编制、实施和评价，组织诊断和工作再设计，人力资源费用预算、审核、控制等；同时了解人力资源信息化管理基本内容、人力资源管理信息系统的建立。

二、职业鉴定考核要点

【理论知识部分】

鉴定范围	鉴定点	知识点	重要系数
人力资源规划组织管理	人力资源规划编制	人力资源战略与规划	9
		人力资源规划的原则与功能	
		人力资源规划的编制方法	
		人力资源规划制定的影响因素	
	人力资源规划实施	人力资源规划的实施原则	9
		人力资源规划的实施步骤	
	人力资源规划评价与控制	人力资源规划评价与控制的内容	5
		人力资源规划评价与控制的过程	
组织设计与工作再设计	组织设计	组织设计的影响因素	5
		组织设计的实施	
	组织诊断	组织调查	9
		组织分析	
		组织诊断的原则	
		组织诊断的内容	
		组织诊断的实施	
	工作再设计	工作再设计的思想	9
		工作再设计的方法	
		从工作再设计到业务流程再造	
		人力资源流程再造	
人力资源预算管理	人力资源费用预算	人力资源费用	5
		人力资源费用预算的原则	
		人工成本预算方法	
		人力资源费用预算的方法	

续表

鉴定范围	鉴定点	知识点	重要系数
人力资源预算管理	人力资源费用审核与控制	人力资源费用预算审核	5
		人力资源费用支出控制	
人力资源管理信息化	人力资源管理信息化基本内容	人力资源管理信息化与企业管理模式	1
		人力资源管理信息化的优势	
		人力资源管理信息化需要处理好的几个关系	
	人力资源管理信息系统的建立	人力资源管理信息系统的内容	1
		人力资源管理信息系统的类型	
		建立人力资源管理信息系统的步骤	
		建立人力资源管理信息系统的原则	

【技能部分】

序号	鉴定内容	重要系数
1	根据组织现状，起草人力资源战略规划的分析报告	9
2	根据组织发展要求，制订年度岗位设置与人员配置计划	9
3	按照组织变革的要求，修订 HRM（人力资源管理）制度和 HRM 系统模型	5
4	根据企业组织结构，分析职位，评估岗位	5

三、练习题

【理论知识部分】

(一) 判断题（下列判断正确的请打“√”，错误的请打“×”）

1. 根据波特对企业战略分类的思路，可将人力资源战略划分为成本领先、技术领先和差异化三种战略。（　）

2. 人力资源战略是企业根据内部和外部环境分析，制定出企业的人力资源管理目标，进而通过各种人力资源管理职能活动实现企业目标和人力资源目标的过程。（　）

3. 目前，人力资源规划是一项单独的人力资源管理职能。（　）

4. 企业一般的战略过程包括战略计划、经营计划、预算方案等几个方面。（　）

5. 制定目标和确定为实现这些目标所需要采取的行动是企业的经营计划。（　）

6. 企业战略对人力资源战略与规划过程具有制约和限制的作用。（　）

7. 企业的一般经营计划对人力资源行动方案产生制约作用。（　）

8. 阐述企业每个职务的人员数量、人员的职务变动、职务人员空缺数量等内容的计划是人力资源规划中的人员配置计划。（　）

9. 人力资源规划的原则之一是使企业和员工都得到长期的利益。（　　）

10. 企业的人力资源保障问题是人力资源计划中应解决的核心问题。（　　）

11. 人力资源规划通过预测企业未来发展，有计划地调整人力资源配置不平衡的状况，合理使用和开发人力资源，达到降低人工成本的目的。（　　）

12. 编制职务计划的目的是描述企业未来的人员数量和素质构成。（　　）

13. 人员供给的主要渠道是劳动力市场。（　　）

14. 影响企业人力资源规划内容和水平的因素只包括企业生产规模、研究开发水平和管理水平。（　　）

15. 人力资源规划的实施原则包括系统性原则、适应性原则、目的性原则、灵活性原则和可行性原则。（　　）

16. 充分考虑内外环境变化是人力资源规划的系统性原则的要求。（　　）

17. 体现企业和员工的发展需要是人力资源规划的协调性原则的要求。（　　）

18. 人力资本主要包括基本工资、奖金和福利三部分。（　　）

19. 在对人力资源规划进行评价与控制时，只能对人力资源规划的关键控制点进行评价与控制。（　　）

20. 由于数据获取难度大，人力资源规划效益主要通过定性方法进行评估。（　　）

21. 专题解决方式是人力资源规划出现偏差时采用最多的解决办法。（　　）

22. 专家模型方式用于人力资源规划出现重大偏差的情况。（　　）

23. 权变思想要求把组织看成一个与外部环境有着普遍直接联系的开放式系统。（　　）

24. 影响组织设计的环境因素是指政府、顾客、竞争对手等对企业管理产生直接影响的特定因素。（　　）

25. 地区开拓阶段，组织设计的目标是扩大组织规模。（　　）

26. 分析者型组织战略类型要求规范化和灵活性并举的组织结构。（　　）

27. 组织结构的复杂程度与业务复杂程度成正比。（　　）

28. 组织的常规化程度越高，越适合集权化管理。（　　）

29. 按照企业生命周期理论，组织的官僚化在组织的集合阶段开始出现。（　　）

30. 对企业来说，组织设计的实现过程就是一场组织变革。（　　）

31. 组织设计实现过程的准备阶段中，企业必须准备好所需要的人力、物力和相关资源。（　　）

32. 愿景由两部分组成：组织的核心意识形态和未来前景。（　　）

33. 组织设计利益相关者是那些在过程中利益受到影响的个体和团队。（　　）

34. 组织设计实现效果的评价包括结果评价和过程评析。（　　）

35. 价值观标准的两个维度是组织的关心点和组织的结构。（　　）

36. 组织诊断就是发现运营中存在的问题，然后查明产生问题的原因，并提出切实可

行的改进方案，以提高企业经济效益的一个过程。（ ）

37. 组织诊断的实施步骤包括准备阶段、正式诊断阶段和改正阶段。（ ）

38. 工作再设计的核心思想是让员工参与，激发员工工作热情。（ ）

39. 泰勒的科学管理理论的核心思想是以任务为导向的工作设计。（ ）

40. 以任务为导向的工作再设计对某些组织仍然是最佳方法。（ ）

41. 目前流行的工作再设计思想是以团队、价值为导向的工作再设计思想。（ ）

42. 当代管理大师德鲁克认为，管理的重要任务之一就是要使员工有成就。（ ）

43. 工作轮换会增加企业成本，并在短期内降低生产效率。（ ）

44. 工作专业化和工作丰富化是互补的两种工作再设计方法。（ ）

45. 缓解员工工作压力是工作再设计的重要目的之一。（ ）

46. 企业流程再造是针对组织层面的工作再设计。（ ）

47. 人工成本中的其他费用主要包括“其他社会费用”“非奖励基金的奖金”“其他退休费用”等发生之后才产生的费用项目。（ ）

48. 人力资源管理费用主要包括招聘费用、培训费用、劳动争议处理费用等几大类别。（ ）

49. IT（信息技术）水平是影响 E-HR（电子化人力资源管理）运行效果的主要因素。（ ）

50. 企业人力资源信息化管理的优势包括降低管理成本、畅通信息传递和推动企业变革。（ ）

（二）单项选择题（下列每题的选项中，只有 1 个是正确的，请将其代号填在括号内）

1. （ ）不是人力资源规划的功能。

A. 企业管理的重要依据　　B. 节省人工成本
C. 调动员工积极性　　D. 体现企业核心竞争力

2. （ ）不是人力资源规划制定的原则。

A. 充分考虑企业内部、外部环境的变化
B. 确保企业的人力资源保障
C. 使企业和员工都得到长期的利益
D. 兼顾企业长期和短期战略目标

3. 成长型企业的人力资源发展战略着眼于（ ）。

A. 优化员工队伍结构　　B. 加强员工培训
C. 扩大员工队伍规模　　D. 加强中层管理团队培训

4. 人力资源规划中，最困难和最重要的部分是（ ）。

A. 编制企业人员配置计划　　B. 编制职务计划
C. 合理预测各部门人员需求　　D. 确定人员供给计划

5. 对人力资源规划影响较大的因素主要是（ ）。

A. 企业管理状况　　B. 企业经营状况
C. 竞争对手情况　　D. 行业宏观情况

6. 人员配置计划阐述了企业每个职务的人员数量、人员职务变动和（　　）等。
A. 职务人员空缺数量　　B. 候选人数量
C. 配置时间和数量安排　　D. 候选人渠道

7. 影响人力资源规划的企业管理状况不包括（　　）。
A. 科技研究开发水平　　B. 企业管理水平
C. 财务状况　　D. 员工结构

8. 在人力资源规划的实施中，要注意系统性原则、目的性原则、（　　）等。
A. 可操作原则　　B. 协作性原则　　C. 及时性原则　　D. 准确性原则

9. 企业人力资源现状的评价主要通过工作分析和（　　）来完成。
A. 人力资源调查　　B. 问卷调查
C. 员工情况盘点　　D. 人力资源政策评估

10.（　　）不属于人力资源规划实施的步骤。
A. 供需预测　　B. 供需平衡
C. 人力资源规划实施的监控　　D. 效果评估

11. 人力资源规划评价与控制起着重要的保证作用，按照经济有效原则，对人力资源规划的（　　）进行评价与控制对规划的成败至关重要。
A. 行动计划　　B. 资源保障　　C. 关键控制点　　D. 执行团队

12. 人力资源规划评价与控制的步骤包括制定人力资源规划效益标准、定量定性分析效益状况、（　　）等。
A. 组成评价与控制小组　　B. 实施培训
C. 采取修正措施　　D. 形成评价报告

13. 人力资源规划评价与控制的内容包括三个层面：基础层面、实施层面和（　　）。
A. 反馈层面　　B. 技术层面　　C. 跨部门层面　　D. 组织层面

14. 修正措施和应变手段是人力资源规划评价与控制的最后一个步骤，采取的方式不包括（　　）。
A. 常规方式　　B. 专题解决方式
C. 专家模型方式　　D. 应急预案方式

15. 影响组织设计的环境因素是指组织外部环境和（　　）。
A. 内部环境　　B. 特定环境　　C. 法律环境　　D. 宏观经济环境

16. 企业规模变大时，员工结构比例中管理人员的比例（　　）。
A. 快速上升　　B. 保持不变
C. 略微下降　　D. 说不清楚，视具体情况而论

17. 组织设计的影响因素包括环境、组织发展战略、技术和（　　）。

A. 所处行业　　B. 组织的生命周期和规模
C. 宏观经济　　D. 政策变化

18. 在组织设计实现的过程评价中，常见的评价内容不包括（　　）。
A. 是否按原定规划进行　　B. 实现的速度如何
C. 是否影响企业正常生产经营　　D. 是否有未预料的情况发生

19. 组织分析中的职能分析把组织职能划分为产生成果的职能、支援职能和（　　）。
A. 管理职能　　B. 附属职能
C. 行政管理职能　　D. 决策职能

20. 组织分析包括职能分析、决策分析、关系分析、（　　）等。
A. 运行分析　　B. 效率分析　　C. 效果分析　　D. 流程分析

21. 组织诊断的原则包括调查原则、动态跟踪原则、系统原则、健康标准原则、（　　）等。
A. 合理解释原则　　B. 非系统原则
C. 及时反馈原则　　D. 全面分析原则

22. 工作再设计的方法包括轮岗、工作丰富化、（　　）等。
A. 工作扩大化　　B. 工作精细化　　C. 脱产培训　　D. 挂职锻炼

23. 工作专业化应遵循的原则包括增加工作要求、让员工拥有对工作更多的支配权、（　　）等。
A. 分工细化和职责明确
B. 允许员工自主安排工作进度
C. 将工作业绩报告及时反馈给主管人员
D. 员工必须持证上岗

24. 人力资源管理费用包括招聘费用、劳动争议处理费用、（　　）等。
A. 非奖励基金的奖金　　B. 退休费用
C. 培训费用　　D. 其他费用

25. 人力资源费用预算原则包括合法合理原则、客观准确原则、严肃认真原则和（　　）。
A. 及时准确原则　　B. 可行性原则
C. 动态调整原则　　D. 整体兼顾原则

(三) 多项选择题（下列每题的选项中，至少有2个是正确的，请将其代号填在括号内）

1. 人力资源规划的原则包括（　　）。
A. 充分考虑企业内部、外部环境的变化原则
B. 确保企业的人力资源保障原则
C. 使企业和员工都得到长期的利益原则

D. 服务企业长期战略规划原则

E. 超前和前瞻性规划原则

2. 人力资源规划是企业战略规划的重要组成部分，其功能包括（　　）。

A. 实现人力资源管理职能的保证　　B. 企业管理的重要依据

C. 节省人工成本　　D. 调动员工积极性

E. 防止人员短缺

3. 职务计划需要详细描述企业的组织结构、（　　）等。

A. 关键职位　　B. 职务设置　　C. 职位描述　　D. 职务资格要求

E. 年龄结构

4. 人力资源规划制定的影响因素主要包括企业发展战略、（　　）等。

A. 生产规模　　B. 研究开发水平和管理水平

C. 财务情况　　D. 竞争对手

E. 所处行业发展阶段

5. 在人力资源规划的实施中，要注意适应性原则、目的性原则、协作性原则、（　　）。

A. 系统性原则　　B. 发展性原则　　C. 及时性原则　　D. 准确性原则

E. 可操作性原则

6. 企业的人力资源保障问题是人力资源规划实施中应解决的核心问题，包括人员的流入、流出预测，以及（　　）等。

A. 人员的内部流动预测　　B. 社会人力资源供给状况分析

C. 人员流动的损益分析　　D. 潜在竞争对手威胁分析

E. 人员供给的财务保障

7. 人力资源规划实施的过程具体可分为人力资源战略环境分析、人力资源现状评估、（　　）等。

A. 人力资源供需预测　　B. 人力资源供需平衡

C. 人力资源规划的执行与监控　　D. 人力资源规划的评估、调整与修正

E. 实施动员和培训

8. 人力资源规划的供需平衡主要包括晋升规划、（　　）等。

A. 补充规划　　B. 培训开发规划

C. 配备规划　　D. 内部招聘计划

E. 轮岗规划

9. 组织的人力资源规划活动会受到各种因素的干扰，这些干扰因素主要包括外部环境的巨大变化、（　　）等。

A. 员工自身价值观和自身职业的需求变化

B. 组织发展战略的调整

C. 国家法规的变化

D. 企业财务状况的变化

E. 规划团队的变化

10.（　　）是常用的人力资源规划的衡量标准。

A. 求职率　　B. 离职成本　　C. 员工流失率　　D. 招聘成本

E. 培训成本

11. 在人力资源规划评价与控制的最后一个步骤中，组织采取的修正措施和应变手段包括（　　）。

A. 常规方式　　B. PDCA（计划、实施、检查、改进）方式

C. 专题解决方式　　D. 专家模型方式

E. 调研方式

12. 钱德勒认为组织战略发展包括数量扩大阶段、地区开拓阶段、（　　）等。

A. 纵向联合发展阶段　　B. 战略收缩阶段

C. 产品多样阶段　　D. 成长发展阶段

E. 差异化发展阶段

13. 根据多变性和可分析性的技术分析方法可知，（　　）组织类型的多样性比较大。

A. 常规型　　B. 工艺型　　C. 工程型　　D. 非常规型

E. 网络型

14. 根据企业生命周期理论可知，（　　）组织的官僚化比较明显。

A. 创业阶段　　B. 集合阶段　　C. 规范化阶段　　D. 精细阶段

E. 衰退阶段

15. 在组织设计的实施阶段，常用的影响利益相关者的策略包括（　　）。

A. 告知新方案将带来的好处

B. 与别的势力团体联盟，通过各种渠道影响关键利益相关者

C. 在不影响全局的情况下，为利益相关者进行设计微调

D. 通过组织高层施加影响

E. 告知不执行新方案的损失

16. 组织设计实现的结果评价方法包括（　　）。

A. 效果的权复评价法　　B. 效果的平衡评价法

C. 过程效率和效果评价法　　D. 利益相关者评价法

E. 成本效益法

17. 组织分析包括决策分析、关系分析、（　　）等。

A. 职能分析　　B. 过程分析　　C. 运行分析　　D. 效率分析

E. 岗位分析

18. 职能分析中的职能指的是产生成果的职能、（　　）等。

A. 战略职能　B. 支援职能　C. 附属职能　D. 管理职能
E. 必备职能

19. 组织诊断的原则包括调查原则、健康标准原则、（　　）等。
A. 可衡量原则　B. 非系统原则
C. 合理解释原则　D. 动态跟踪原则
E. 灵活变化原则

20. 工作专业化设计方法的特点是（　　）。
A. 工作可分解为许多简单的操作单元
B. 利于员工在不同岗位之间进行轮换
C. 具有标准化的工序和操作规程
D. 会增加培训费
E. 将相类似工作进行整合

21. 人力资源管理费用包括（　　）。
A. 招聘费用　B. 培训费用
C. 劳动争议处理费用　D. 员工教育经费
E. 奖励费用

22. 企业流程再造的支撑点包括（　　）等。
A. 高素质人才　B. 畅通的信息沟通渠道
C. 资金投入的充分保障　D. 较高的信息技术水平
E. 各类型人才

23. 人力资源费用预算审核的基本要求包括（　　）。
A. 确保人力资源费用预算的合法性
B. 确保人力资源费用预算的准确性
C. 确保人力资源费用预算的可比性
D. 确保人力资源费用预算的刚性
E. 确保人力资源费用预算适应业务发展的柔性

24. 工资项目预算需要考虑政府发布的工资指导线和物价指数，以及（　　）等因素。
A. 企业经营状况预测　B. 社会保险、公积金等项目变化幅度
C. 企业领导的意图　D. 劳动力市场价格变化
E. 员工对收入的期望

25. 建立人力资源管理信息系统需要考虑（　　）等方面的因素。
A. 人力资源管理信息化的策略
B. 企业的工作性质和信息化水平
C. 系统应该具备的功能
D. 企业是否具备完整的系统运行环境

E. 商业信息保密

【技能部分】

案例1

案例背景

华强公司是林先生创办的一家从事电子产品生产、销售的企业。经过二十多年的努力经营，公司已经发展成为当地的知名企业。近几年，由于华强公司的产品属于技术含量较低的初级产品，公司面临的市场竞争越来越激烈。

林先生的儿子林强曾在美国留学，主修电子工程专业。林强学成归来后，林先生全力支持其接班，让其担任公司总经理。林强花巨资从国外引进先进设备，调整厂房，布置新的产品流水线，并对家族企业的管理模式进行改革。

林强认为，新产品的研发、制造和营销需要一批高素质的员工，公司里的老员工在技能和素质上都难以胜任新产品生产和销售的要求。因此，林强要求人力资源部经理崔健招收一批新员工，一般技术人员要求具备本科及以上学历，研发人员要求具备研究生学历。

人力资源部按照林强的要求通过校园招聘、网络招聘的方式，招聘了一批应届本科生和硕士生。经过岗前教育和业务培训，新来的大学生开始了正常的工作。几个月后，麻烦事接踵而来。

一方面，老员工纷纷向林先生抱怨，认为公司对他们不公平，大家勤勤恳恳工作了二十多年，为了公司的业务发展尽心尽力，在薪酬福利上也没有提过要求，但是这次招来的大学生，薪酬水平普遍比他们高。而且有部分老员工学习主动，经验丰富，业务能力很强，也完全可以胜任新的岗位，公司却没有给予机会。

另一方面，新招来的大学生中陆续有人提出辞职。辞职理由比较集中，认为公司对他们不够重视，不少人进公司后一直被安排在生产制造车间做些基础性的工作。他们认为这些基础性工作技术含量低，担心长此以往会没有发展前途。

案例思考

1. 请指出该公司在人力资源管理中存在的问题。
2. 如果你是人力资源部经理，你会如何改进该公司的人力资源管理工作?

案例2

案例背景

李林与几位朋友海外留学归国后，在张江创办了一家新能源电池企业——三昌公司。李林任总经理，与他在美国硅谷一起工作过的同事张强、王军、赵嘉等分别负责市场销售、技术开发和运营管理。另外，公司创立之初还得到了其他几个好友的资金入股支持，这几个人都不在公司担任职务。

由于新能源技术符合国家产业发展政策，李林等人经过五年的艰苦创业，公司发展迅速，已经打开市场销路，前景一片光明。

几年来，李林一方面为公司规模不断扩大和市场占有率持续上升而欣喜，另一方面为公司内部的管理问题和未来的发展方向而忧虑。

公司目前的管理核心是股东会。随着公司的发展，股东们在很多问题上出现了不同的意见。

另外，由于公司近两年的快速发展，股东们的收入大幅度增长，而其他员工的薪酬并未进行调整。几位元老和最早一批员工的激情和拼搏奋斗精神正在消退，有些老员工甚至对于赶项目、赶进度表现出抵触情绪，勉强应付。

与此同时，各业务部经理时常提出人手短缺、申请增加员工，而且几乎都要求在两周内配置到位。人力资源部经理每次询问增加员工的理由，得到的答复都是任务多或者项目需要。人力资源部经理忙于四处招人，但由于时间紧，又没有事先的计划，有时只能仓促招聘新员工，结果各部门又纷纷反馈人力资源部招来的人不能胜任工作，或者不能适应工作环境而在短期内离职。

公司的业绩在增长、规模在扩大，李林感到压力越来越大。他既要思考公司的业务发展，又要应付日常事务，还要面对不断扩大的员工队伍的管理工作，逐渐感到力不从心。

案例思考

1. 该公司在人力资源管理方面存在哪些问题?

2. 该公司应如何有效进行人力资源规划?

案例3

案例背景

美士公司成立于2008年，是一家民营服装生产企业。经过多年发展，美士公司从一家服装定制小企业发展成为拥有2 000多名员工、年销售额达到4.5亿元人民币的集设计、生产和销售于一体的服装公司。随着业务规模的迅速扩展，公司经营开始走向多元化，对人员的需求也呈现多层次、多元化的趋势。

这几年，公司通过校园招聘引进了不少研究生以充实中层管理团队，员工的学历结构有了很大的提升，但仍然无法满足公司发展的要求。面对各部门不断提出的用人需求，人力资源部由于人手紧张，通常是在部门提出人员需求后，才急急忙忙进行社会招聘，招聘的条件与专业要求一般由公司高层管理者确定。

新到任的人力资源部经理对公司内部做了一番调研后，汇总了用人管理上的几个主要问题，向公司高层进行汇报。主要问题包括：一是用人部门对招聘效率和质量不满意；二是公司仍然缺乏有经验的技术人员与管理人员；三是员工培训经常安排在节假日进行，员工参与的积极性不高；四是相当部分员工对自己的职业发展现状不满意，不少人有“跳槽”的想法；五是最近有几个关键岗位的核心员工去了竞争对手公司，严重影响了公司的正常工作和未来发展。

公司管理层意识到，如果这些问题不能尽快有效地解决，企业在日趋激烈的市场竞争中，将很快失去优势。

案例思考

1. 请指出该公司人力资源规划方面存在的主要问题。

2. 如果你是人力资源部经理，你会采取什么措施来解决这些问题？

案例 4

案例背景

慧洋公司成立于 2010 年，有 300 余名员工，是维灵公司实施主辅分离时成立的新公司。慧洋公司的主营业务是设备安装和检修，在承接维灵公司检修任务的同时，公司把重点放在拓展外部市场上，在附近的工业区承揽了很多业务，如为客户安装设备、提供运营保障等业务。开始几年，慧洋公司的运行正常，经济效益也不错。近年来，公司因为抢占市场摊子铺得大，专业技术人员疲于应对，甚至出现了拖延工期情况，严重影响了公司的信誉。

由于工作量大，员工经常被要求加班加点。员工节假日加班可得到调休单。大多数技术骨干手头积累了一厚叠调休单却没有时间休假。有 50 多位高级技工即将达到退休年龄，他们有时感觉体力不支，颇有怨言。

公司成立之初曾从学校招聘少量大学生作为后备技术骨干，但由于缺乏带教和培养，一些有潜力的后备骨干人才工作 2～3 年以后就辞职了。最近几年公司不再招聘大学生，只招劳务工。

慧洋公司一直沿用原来的岗位技能工资制度，员工收入包括基本工资和奖金两部分。基本工资相对固定，主要由岗位工资、技能工资、工龄工资和各种补贴组成。奖金与员工个人的工作绩效挂钩，但绩效缺乏明确的评价标准，都是领导说了算，与领导关系好的员工常常绩效较好，而那些认真做事的绩效反而一般。公司年底根据经济效益和员工绩效浮动发放奖金。同岗位劳务派遣工薪酬比正式工约低 20％。

2018 年，公司领导班子换届，新上任的总经理刘晓捷意识到人力资源问题的严重性。于是，刘总要求人力资源部在全公司组织开展人力资源管理改革的大讨论。通过广泛听取各部门的意见，将反应激烈的问题作为改革的重点，人力资源部为随后的改革提出具体方案供公司领导决策。

案例思考

1. 请分析慧洋公司需要进行人力资源管理改革的原因。

2. 该公司应如何改进人力资源管理？

四、参考答案

【理论知识部分】

（一）判断题

1.× 2.√ 3.× 4.√ 5.× 6.√ 7.× 8.√ 9.√ 10.√ 11.√ 12.× 13.× 14.× 15.× 16.× 17.× 18.× 19.√ 20.× 21.× 22.× 23.√ 24.× 25.× 26.√ 27.× 28.√ 29.× 30.√ 31.× 32.√ 33.√ 34.√ 35.√ 36.√ 37.× 38.√ 39.√ 40.√ 41.× 42.√ 43.√ 44.× 45.× 46.× 47.√ 48.√ 49.× 50.√

（二）单项选择题

1.D 2.D 3.C 4.C 5.A 6.A 7.D 8.B 9.A 10.D 11.C 12.C 13.B 14.D 15.B 16.A 17.B 18.C 19.B 20.A 21.B 22.A 23.B 24.C 25.D

（三）多项选择题

1.ABC 2.ABCD 3.BCD 4.ABC 5.AB 6.ABC 7.ABC 8.ABC 9.ABC 10.ACD 11.ACD 12.AC 13.CD 14.CD 15.AB 16.AB 17.AC 18.BC 19.BD 20.AC 21.ABC 22.ABD 23.BC 24.AC 25.ABCD

【技能部分】

案例1

答题思路

1. 华强公司在人力资源管理中存在的问题

（1）公司未能根据发展战略及时进行人力资源规划，既缺乏对未来人员需求的有效预测，又未能充分进行内部人员盘点，新的岗位职责和任职资格不明确。

（2）招聘工作流程不完善，招聘渠道选择单一，没有尝试进行内部招聘。

（3）公司缺乏对员工职业发展通道的设计和职业发展的规划。

（4）薪酬体系不够完善，缺乏内部的岗位评估，导致老员工抱怨薪酬缺乏公平性。

（5）未建立有效的沟通机制，导致新老员工出现问题后没有及时地解决。

2. 华强公司人力资源管理工作的改进措施

（1）加强与高层管理者的沟通，结合公司经营发展战略，进行人力资源规划的调整，优化组织结构，并进行员工现状盘点和未来需求分析。

（2）优化招聘管理流程，丰富招聘渠道选择，充分考虑内部招聘和外部招聘的优缺点，针对不同岗位，选择不同招聘渠道。

（3）加强员工培训，帮助老员工提升能力适应新的要求，并进行组织职业发展通道设计，协助新老员工进行职业发展规划。

（4）进行岗位评估，完善薪酬体系，确保薪酬的对内公平性。

（5）完善沟通机制，促进企业文化建设，加强员工关系管理。

案例 2

答题思路

1. 三昌公司人力资源管理存在的问题

（1）没有清晰的人力资源战略规划。公司没有根据发展战略制定相应的人力资源发展战略规划。

（2）没有完善的组织架构和管理职能。目前，公司仍然依靠股东会管理，未建立与公司发展阶段相匹配的企业管理体系。

（3）没有完善的人力资源管理体系。公司缺乏正常营运的各项管理规范，如招聘管理制度、员工培训发展管理制度、薪酬管理制度等。

2. 人力资源规划建议

（1）进行人力资源需求预测，根据企业的发展战略预测人力资源需求，包括员工需求数量、能力素质和人员构成等。

（2）进行人力资源供给预测，分析内部人员的技能和素质、通过培训开发可以获得的供给潜力，以及外部人才市场的供给情况。

（3）进行供需平衡分析，规划人才保障体系

1）加强员工信息管理，掌握人力资源变动情况。

2）建立培训发展体系，从内部发现、发展与培养人才。

3）完善招聘管理流程，多渠道吸引企业所需人才。

案例 3

答题思路

1. 人力资源规划存在的主要问题

（1）没有根据企业发展战略及时进行人力资源规划。

（2）缺乏人力资源供给与需求预测与分析，没有制定员工职业发展规划和员工晋升计划，同时缺乏从外部及时补充所需的员工的招聘计划。

（3）缺乏工作分析和岗位评估，聘用人才策略缺失，人力资源配置不合理。

（4）缺乏核心人才保留计划和措施，严重影响企业的可持续发展。

2. 解决问题的措施

（1）根据组织的发展战略目标，开展人力资源规划活动。

（2）在分析企业内外部环境的基础上，进行人力资源需求与供给预测，及时开展员工招聘工作，引进优秀人才。

（3）完善内部员工晋升机制，制订员工职业发展计划，激发员工的工作热情。

（4）进行工作分析和岗位评估，坚持人岗匹配的原则，合理地做好人员配置。

（5）根据岗位要求和绩效考核情况，开展员工培训，提高员工技能水平。

（6）及时了解员工满意度和敬业度状况，调整保留骨干员工、专业人员的策略。

案例 4

答题思路

1. 人力资源管理改革的原因

（1）公司没有结合企业发展现状，对专业人员的需求和未来员工退休导致的人员需求进行有效的规划，导致人员管理缺乏有效计划。

（2）公司对于技术骨干储备的招聘思路不明确，招聘劳务工不能有效解决人才储备问题，招聘缺乏针对性。

（3）对未来技术人才缺乏明确的培训和发展计划，没有建立和形成有效的新员工带教等培养模式。

（4）公司的薪酬结构不合理，缺乏真正意义上的绩效管理，依赖于领导的主观判断，导致薪酬缺乏公平性和激励性。

（5）公司在人力资源管理方面存在法律和管理风险。一线员工节假日加班开调休单替代的做法不合法，劳务工薪酬同工同酬方面也存在违规的问题。

2. 改进人力资源管理的对策

（1）根据公司业务发展战略，做好人力资源规划。在人才盘点的基础上研究人力资源供需情况，建立科学合理的用工配置体系；开展人力资源梯队建设，加快人才培养步伐；通过有效渠道招聘高素质人才，加快核心岗位、关键员工的配置。

（2）加强招聘与培养体系。编制未来骨干人才招聘、培训和发展计划，多渠道招聘员工，丰富员工培养的模式，建立员工职业发展通道。

（3）健全绩效管理体系，完善薪酬管理制度。

（4）做好人力资源管理基础工作，建立沟通机制，防范法律和管理风险。

2

第二单元

招聘与配置

第二章

一、学习要求

通过本单元的学习，学员应对招聘有更全面和深层次的认识。本单元根据二级学员的特点，重点介绍中高级人才招聘与配置过程中常用的知识和技能，包括胜任素质模型、内部招聘和外部招聘的使用范围和优缺点比较、行为描述性面试、评价中心等技术。另外，本单元新增了人力资源派遣这一灵活用工方式的管理和风险评估知识点。

二、职业鉴定考核要点

【理论知识部分】

鉴定范围	鉴定点	知识点	重要系数
招聘管理	胜任素质模型	胜任素质的概念	9
		胜任素质模型的概念	
	招聘策略	人才吸引策略	5
		人才选聘策略	
		招聘备选策略	
	招聘渠道选择	内部招聘的方法和实施要点	5
		外部招聘的方法和实施要点	
		招聘渠道的分析和选择	
招聘选拔	人员甄选	人员甄选概述	9
		甄选指标体系	
		甄选方法选择	
		甄选测评中的信度与效度	
	行为描述性面试	行为描述性面试的含义	9
		行为描述性面试对行为预测的假设前提	
		行为描述性面试题的设计	
	评价中心	评价中心的定义	9
		评价中心技术的发展	
		评价中心的工作机制和实施标准	
		评价中心的特色	
		评价中心的适用范围	
		评价中心的实施流程	
		评价中心的主要方法	

续表

鉴定范围	鉴定点	知识点	重要系数
招聘评估	招聘评估概述	招聘评估的含义和作用	5
		招聘评估的类型	
		招聘评估的标准、指标和流程	
	招聘成本效益评估	招聘成本计量	5
		招聘成本效用评估	
		招聘投资收益分析	
	录用人员评估	录用人员数量评估	5
		录用人员质量评估	
	其他招聘评估	招聘人员工作评估	5
		招聘渠道的成效评估——获得率、获得成本	
人力资源派遣管理	人力资源派遣概述	人力资源派遣的含义、特点和意义	5
		人力资源派遣的类型、程序和活动内容	
		我国劳务派遣法规	
	人力资源派遣引进管理	人力资源派遣业务的办理程序与内容	9
		人力资源派遣的决策和风险	
		人力资源派遣员工的激励机制	

【技能部分】

序号	鉴定内容	重要系数
1	建立企业岗位胜任素质模型	5
2	制定、调整招聘策略，合理控制招聘风险	9
3	运用各种面试技巧和评价中心技术，制定人力资源测评方案，选择合适人才	9
4	制定招聘管理制度	5
5	制定员工晋升管理办法	5
6	制订人才保留的具体计划	9

三、练习题

【理论知识部分】

(一) 判断题（下列判断正确的请打“√”，错误的请打“×”）

1. 胜任素质（competency）是个体所具备的、能够以之达成或预测优秀工作绩效的内在基本特征和特点。 （　　）

2. 建立胜任素质模型的过程也是一次工作分析的过程。（　）

3. 胜任素质模型是对高绩效（不包括一般绩效）工作产出所需要的胜任素质规范化的文字性描述与说明。（　）

4. 胜任素质中的门槛素质是指分辨表现优秀与表现一般员工的关键因素。（　）

5. 胜任素质中的差异素质是指管理人员和员工都普遍缺乏的胜任素质。（　）

6. 通用素质模型是指在同一组织中所有员工和岗位所共用的一套胜任素质。（　）

7. 职簇胜任素质模型可以理解为一个微型的统一模型。（　）

8. 基于胜任素质模型进行的工作分析，侧重研究岗位要求的与优秀绩效表现相关联的特征及行为。（　）

9. 招聘策略主要是指组织为了达到一定的战略目标，尤其是为了实现组织对人力资源的需求，而利用资源采取的招聘行动的总计划。（　）

10. 心理契约更强调个人与组织的心理交换关系。（　）

11. 内部晋升或岗位轮换通过内部公告的形式在内部组织公开招聘，符合条件的员工可以根据自己的意愿自由竞争应聘上岗。（　）

12. 所有的岗位都适合运用内部竞聘方法。（　）

13. 当岗位比较重要或敏感、传统方式得不到广大员工认可时，适用内部竞聘方法。（　）

14. 外部招聘可以解决组织获取稀缺人才的需求。（　）

15. 通过外部招聘树立良好的社会形象是外部招聘的功能之一。（　）

16. 人员甄选包括测量与评价两个核心过程。（　）

17. 评价是测量的基础，是依据事先设计好的规则通过一些具体的方法对应聘者的素质给出一个可比较的结果。（　）

18. 评价是测量的延续，是对测量结果进行深入的分析，并给出定性和定量的结论供录用参考。（　）

19. 招聘甄选的目的是区分应聘者是否与招聘岗位匹配，从而挑选出最优者。（　）

20. 甄选指标应该针对不同的岗位特点及对应聘者的要求，遵循甄选指标体系中明确性原则。（　）

21. 在实际运用中，不可能也没必要对所有素质特征都做出评价，这体现了人员甄选指标的合理性原则。（　）

22. 评价中心是一种甄选和评估候选人素质的测评技术，其核心是多种情境性甄选方法，一般用于中高层管理人员的选拔与评价。（　）

23. 可用性是指甄选方法对不同人员（种族、性别、年龄、专业背景等）所测结果不会引起偏差和不同对待。（　）

24. 可靠性是指甄选工具应该具有很好的信度，即每次测量的结果要基本保持一致。（　）

25. 行为描述性面试是结构化面试的一种方法。 ( )

26. 行为描述性面试通过关注应聘者的过去行为，预测应聘者的未来表现。 ( )

27. STAR（背景、任务、行动、结果）是行为描述性面试样本选择的关键要素的简称。 ( )

28. 评价中心法是情景模拟测试的一种更为复杂的方法，它特别适用于评价应聘者的管理潜能。 ( )

29. 评价中心具有很强的主观性，受面试官影响很大。 ( )

30. 为了确保评价中心对候选人评估结果的一致性，面试官数量不能太多。 ( )

31. 招聘过程中运用评价中心测试时，可以采用评分与评语相结合的方式，即对每个应聘者打分，同时对一些表现出色或适合的人员进行评语评价。 ( )

32. 将多名应聘者集中起来组成一个小组，要求他们就某一个问题或主题在不指定角色的情况下展开自由讨论，并在一定时间内得出一致性结论的测评方式，叫无领导小组讨论。 ( )

33. 无领导小组讨论一般在面试后使用，用于筛选面试过关的候选人。 ( )

34. 在校园招聘中，进行与人际处理和管理有关的人员甄选时，可以运用简易模式的无领导小组讨论进行辅助。 ( )

35. 无领导小组讨论实施准备至关重要，前期准备工作充分与否直接影响测评过程是否顺利及后期评估是否准确。 ( )

36. 为了确保无领导小组讨论过程的激烈，讨论小组的人数应该以10人左右为宜。 ( )

37. 角色扮演法重在通过测评了解被测试者的心理素质。 ( )

38. 在完成招聘流程各阶段工作的基础上，对整个招聘活动的过程及结果进行评价并总结，检查是否达到预期招聘目的的过程，叫招聘评估。 ( )

39. 招聘评估主要是对招聘结果进行评估。 ( )

40. 招聘评估的可靠性标准主要评估负责招聘的人员是否真正了解空缺岗位的要求。 ( )

41. 评估结果在多大程度上反映应聘者实际情况，即甄选方式的效度，是招聘评估的准确性标准的要求。 ( )

42. 能否全面反映胜任该岗位所必需的技能，是招聘评估的全面性标准的要求。 ( )

43. 招聘录用人员与岗位需求是否匹配，是招聘评估的适合性标准的要求。 ( )

44. 招聘成本评估是指对招聘中的费用进行调查、核实，并对照预算进行评价的过程。 ( )

45. 招聘成本包括甄选成本、录用成本、安置成本及适应性培训成本等。 ( )

46. 录用比越小，表明对组织来说可供选择的人员越少。 ( )

47. 应聘比反映新员工招聘计划的完成情况。 （　　）

48. 衡量组织对人员选择的严格程度和人员报名的踊跃程度的指标是录用比。（　　）

49. 人力资源部从收到申请者申请的那天起到人力资源部至少找到一个通过初步甄选的应聘者并确定下一轮甄选的那天为止的天数，是定岗时间。 （　　）

50. 从工作人员将申请者的简历、自荐信交给人力资源管理部门到求职者正式开始上岗工作之间的天数，是反应时间。 （　　）

（二）单项选择题（下列每题的选项中，只有1个是正确的，请将其代号填在括号内）

1. 工作分析要关注的要素有两点，即职位和（　　）。

A. 人　B. 岗位　C. 职能　D. 任职要求

2. 心理契约理论认为，在组织与其成员之间存在一种非正式且十分重要的契约，在组织成员之间及组织与成员之间存在（　　）和对义务的承诺与互惠。

A. 期望　B. 希望　C. 友情　D. 心理暗示

3. 内部招聘的方式包括岗位轮换、岗位竞聘、（　　）等。

A. 临时人员转正　B. 领导引荐
C. 个人自荐　D. 人力资源部从后备人才库中选拔

4. 内部竞聘的基本原则包括公平、公开、公正和（　　）。

A. 权威　B. 透明　C. 明确　D. 广覆盖

5. 内部竞聘的竞聘工作团队由人力资源部或组织部门牵头，成员包括高层领导、部门领导、专业机构负责测评工作的人员、（　　）等。

A. 工会人员　B. 职工代表
C. 专业技术人员　D. 上级主管单位代表

6. 内部招聘和外部招聘如何结合，取决于岗位类别、组织战略和（　　）。

A. 组织在劳动力市场的相对位置　B. 组织的支付能力
C. 组织的社会形象　D. 所需人才的特点

7. 人员甄选包括评价与（　　）两个核心过程。

A. 测量　B. 选拔　C. 录用　D. 面试

8. 人的一般能力分为思维力、记忆力、想象力和（　　）。

A. 观察力　B. 判断力
C. 逻辑分析能力　D. 决策力

9. 可以通过履历分析、（　　）等方法了解应聘者的工作经验。

A. 心理测验　B. 面试　C. 笔试　D. 评价中心

10. 甄选指标体系由测评指标和（　　）组成。

A. 指标权重　B. 打分规则　C. 测评量表　D. 测评效度

11. 测评标准包括两个组成部分，即测评标志和（　　）。

A. 测评标度　B. 测评要素　C. 测评标准　D. 测评指标

12. 测评指标一般包括两大方面的内容，即测评要素和（　　）。
A. 测评标度　　B. 测评要点　　C. 测评标准　　D. 测评指数

13. 评价中心技术一般在（　　）的甄选中运用。
A. 高级管理人员　　B. 技术人员
C. 专业人士　　D. 所有岗位人员

14. 适用于所有岗位人员甄选的方法是（　　）。
A. 评价中心技术　　B. 结构化面试
C. 知识测验　　D. 公文处理

15. 在针对不同目的的甄选方法组合中，需要考虑的因素包括职务层次和（　　）。
A. 不同岗位系列特点　　B. 甄选预算限制
C. 候选人数量　　D. 时间要求

16. 影响测评效度的误差来源包括应聘者反应方面的影响因素、测评构成方面的影响因素和（　　）等。
A. 应聘者本身特征　　B. 面试官的影响因素
C. 测试内容方面的影响因素　　D. 测评实施过程中干扰因素的影响

17. 行为描述性面试的主要目的在于预测候选人的（　　）。
A. 人际交往能力　　B. 突发事件处理能力
C. 压力抵抗能力　　D. 未来职业发展情况

18. 行为描述性面试样本选择的关键要素简称“STAR”，其中R是指（　　）。
A. 结果　　B. 可靠　　C. 可实现　　D. 合理

19. 对行为样本进行描述要把握四个关键的要素，即情境、目标、结果和（　　）。
A. 行动　　B. 时间　　B. 地点　　D. 原因

20. 评价中心的缺点包括费用大、时间长、组织过程复杂、（　　）等。
A. 受面试官的主观影响大　　B. 使用范围较窄
C. 标准化程度低　　D. 效度不高

21. 评估候选人的分析能力，可以采用无领导小组讨论、演讲、（　　）等评价中心技术。
A. 文件筐测验　　B. 行为描述性面试
C. 结构化面试　　D. 半结构化面试

22. 评估候选人的沟通协调能力，可以采用无领导小组讨论、角色扮演和（　　）等评价中心技术。
A. 文件筐测验　　B. 演讲
C. 半结构化面试　　D. 结构化面试

23. 运用评价中心法对候选人进行评估时，面试官数量不应少于（　　）人。
A. 3　　B. 4　　C. 5　　D. 6

24. 无领导小组讨论的前期准备至关重要，前期准备工作充分与否直接影响到测评过程是否顺利和后期评估是否准确。前期准备包括测试环境布置、应聘者分组、讨论材料准备、（　　）等。

A. 面试官分工与培训　　B. 考生培训
C. 设备调试　　D. 面试官选择

25. 无领导小组讨论的每个小组人数一般以（　　）人为宜。

A. 3～4　　B. 6～8　　C. 8～10　　D. 10～12

（三）多项选择题（下列每题的选项中，至少有 2 个是正确的，请将其代号填在括号内）

1. 胜任素质可分为（　　）等。

A. 门槛素质　　B. 差异素质　　C. 通用素质　　D. 转化素质
E. 共性素质

2. 目前较普遍的分类还可将胜任素质模型分为（　　）等。

A. 统一素质模型　　B. 岗位素质模型
C. 职级素质模型　　D. 差异素质模型
E. 核心素质模型

3. 胜任素质模型在招聘管理中主要可应用在（　　）等方面。

A. 工作分析　　B. 录用决策　　C. 薪酬确定　　D. 面试设计
E. 确定工资级别

4. 常用的人才吸引策略包括（　　）。

A. 高工资和高福利策略　　B. 良好的组织形象策略
C. 更大的责任或权力策略　　D. 工作和生活之间的平衡策略
E. 解决户口策略

5. 常用的人才选聘策略包括（　　）。

A. 关注人才的文化、价值追求策略　　B. 关注人才与团队的融合度策略
C. 关注选聘与培训开发的结合度策略　　D. 关注“心理契约”策略
E. 关注人才的收入期望值策略

6. 常用的招聘备选策略包括（　　）。

A. 人力资源派遣策略　　B. 员工租赁策略
C. 加班加点策略　　D. 应急工策略
E. 项目外包策略

7. 内部招聘的实施方法主要包括（　　）。

A. 内部晋升　　B. 岗位轮换　　C. 内部竞聘　　D. 临时人员转正
E. 脱产培训

8. 一般而言，如果组织出现（　　）等情况，可考虑采用内部竞聘的方法提拔人才。

A. 领导层希望突破性地改变现有人力资源体系，打破传统的僵化状态
B. 组织员工展示能力、表现自我的意愿非常强烈
C. 领导层之间关于岗位的人选意见不统一，存在矛盾激化的可能
D. 领导层需要激发员工的工作热情和积极性，同时增强其危机感
E. 企业拟进入新的业务领域

9. 外部招聘的主要方式有专业机构招聘、网络招聘、(　　) 等。
A. 内部员工举荐　B. 广告招聘
C. 人才市场招聘　D. 校园招聘
E. 内部竞聘

10. 内部招聘的优点主要表现为（　　）。
A. 有利于稳定、激励内部员工　B. 可为组织节约大量的费用
C. 简化了招聘程序　D. 被选择的人员更加可靠
E. 产生“鲶鱼效应”

11. 内部招聘的缺点主要包括（　　）。
A. 人员选择面狭小
B. 有组织内部“近亲繁殖”的风险
C. 在一定程度上造成内部部门之间的矛盾
D. 影响被拒绝的申请者的积极性
E. 造成员工间的恶性竞争

12. 外部招聘的优点主要包括（　　）。
A. 挑选的余地大
B. 可以找到组织内稀缺的人才
C. 新员工给组织带来更多的创新机会
D. 产生“鲶鱼效应”
E. 培训成本低

13. 外部招聘的缺点主要包括（　　）。
A. 甄选难度大、成本高
B. 存在被聘者的实际能力与招聘时的评价不符的现象
C. 新员工出现“水土不服”的现象
D. 外聘人才频繁跳槽
E. 引发内部员工离职

14. 人员招聘甄选的内容主要包括（　　）。
A. 个性心理　B. 知识与技能
C. 工作经验　D. 身体素质
E. 家庭背景

15. 人员甄选方法选择遵循的原则包括（　　）。
A. 可靠性原则
B. 公平度原则
C. 可用性原则
D. 成本与甄选效果的平衡原则
E. 成本最低原则

16. 甄选指标体系的设计原则包括（　　）。
A. 针对性原则
B. 明确性原则
C. 合理性原则
D. 全面性原则
E. SMART 原则（关键绩效指标体系原则）

17. 常用的甄选方法包括（　　）。
A. 简历和申请表分析
B. 心理测验
C. 面试
D. 评价中心技术
E. 背景调查

18. 评价中心常用的方法包括无领导小组讨论、（　　）等。
A. 公文处理
B. 角色扮演
C. 管理游戏
D. 案例分析
E. 上机操作

19. 适用于所有岗位人员甄选的方法是（　　）。
A. 评价中心技术
B. 结构化面试
C. 知识测验
D. 心理测验
E. 拓展测试

20. 对一般岗位员工，可以采用的甄选方法包括（　　）。
A. 简历分析
B. 人格测验
C. 评价中心技术
D. 结构化面试
E. 背景调查

21. 对中层管理人员，可以采用的人员甄选方法包括（　　）。
A. 结构化面试
B. 评价中心技术
C. 人格测验
D. 管理潜能开发系列测验
E. 专家讨论

22. 对营销岗位人员的甄选方法，可以包括（　　）。
A. 人格测验
B. 生活特征问卷
C. 无领导小组讨论
D. 结构化面试
E. 上机操作

23. 影响测评信度的误差来源包括（　　）。
A. 应聘者本身的特征
B. 面试官的影响因素
C. 测试内容方面的影响
D. 实际测试环境的影响
E. 测评机器故障

24. 影响测评效度的误差来源包括（　　）。

A. 应聘者反应方面的影响因素　　B. 面试官的影响因素
C. 测试内容方面的影响因素　　D. 测评实施过程中干扰因素的影响
E. 应聘者本身特征的影响因素

25. 行为描述性面试对行为预测的假设前提是（　　）。
A. 过去的行为表现能够很好地预测未来的行为
B. “说”和“做”是截然不同的
C. 预测失败比预测成功容易
D. 结构性面试可以获取真实信息
E. 过去的行为不代表未来的行为

【技能部分】

案例 1

案例背景

中宏公司是一家有实力的股份制集团公司，旗下产业涉及电器制造、房地产、互联网科技等领域。企业规模越来越大，董事长希望能够通过融资两年内在中国A股市场上市。董事长要求人力资源部在一个月内招聘一名总经理，推动公司的管理变革和融资上市。

由于董事长一直对猎头公司不是特别信任，人力资源部陈经理比较犯愁，尽管委托熟人介绍，但很长一段时间没有候选人。在一次大型管理论坛上，陈经理结识了李德明。李德明自称是总经理，自我介绍具有海外留学经历，曾就职于两家知名制造业外资企业，有着比较丰富的海外工作经验，特别是曾经成功帮助企业融资上市。李德明认为所在公司目前已经处于稳定状态，自己则希望有不一样的挑战。于是，陈经理将李德明的情况汇报给董事长，并安排了董事长和李德明面谈。董事长听了李德明关于企业管理和融资上市的介绍，感觉他经验丰富、思路敏捷。董事长对这位总经理的人选非常满意，当场决定李德明加盟中宏公司。

李德明进入中宏公司后，管理风格强势，特别注重自己的权威，脾气较为暴躁，大部分高层管理者对李德明敬而远之。李德明要求制定的规章制度在实施过程中并不顺利，很多工作推进较慢、效率低下。半年过去了，公司的经营管理并没有什么起色，反而因为管理团队的不和谐，导致了一些骨干员工离职，融资上市的工作停滞不前。

董事长在一次会议上遇到了李德明的前任老板，在沟通中才知道李德明在原来公司只是一个副总经理，独立工作能力较强，但欠缺团队管理能力，而在融资上市方面只是一个辅助角色。

案例思考

1. 中宏公司在本次招聘中存在哪些问题？
2. 如果你是人力资源部经理，你会如何有效进行该公司的高层管理者招聘？

案例2

案例背景

仁安公司是一家由三位留美博士回国成立的基因诊断研究机构。经过几年的孵化，公司成功研制出第一代基因诊断试剂。公司在获得第二轮投资后，拟建立一条生产流水线，计划在第二年正式投产。根据战略发展规划，公司将首先在华东地区建立销售网点，然后快速复制到全国各地，向全国医疗机构进行产品推广和销售。

人力资源部负责招聘工作的张元经理在进行华东区8位区域销售经理的招聘过程中，通过招聘网站挑选了20名应聘者，决定用评价中心技术对候选人进行评估。

张元从朋友那里得到了一份其他公司大区销售经理的岗位胜任素质模型，略做修改后作为公司华东区区域销售经理的评价标准，内容主要包括：（1）知识素质，即市场营销、法律、财务等知识；（2）心理素质，即情商、工作风格、个性特征等；（3）职业素养，即诚信度、成就动机、激情等；（4）核心能力，即决策能力、市场分析能力、系统思考能力等。

同时，张元组建了由人力资源部经理和3名业务部经理组成的面试小组，并制定了包括无领导小组讨论、文件筐、管理游戏等测评方案。

在甄选评估过程中，张元感觉应聘者整体素质不佳，面试官们对应聘者的评价也不一致，综合评价有较多争议。经过张元努力协调，面试小组最终完成了全部程序，勉强选拔出8位区域销售经理。

上任半年后，8位区域销售经理的绩效差别很大。有3人试用期未结束就因无法胜任工作而离职了，其中有2位主动离职的区域销售经理认为公司实际的岗位待遇和工作环境与招聘时的说法有很大差距。而其他几位区域销售经理大多也没有达到公司的绩效要求。

案例思考

1. 请分析此次区域销售经理招聘未达到预期效果的原因。
2. 该公司应如何避免该类招聘问题的再次出现？

案例3

案例背景

克林集团公司是一家汽车销售服务企业。近几年来，公司业务迅速发展，在各地陆续设立了分公司，需要既懂经营又懂管理的优秀人才。最近，两家分公司的经理离职，总经理要求人力资源部尽快配备2名分公司经理。

根据公司的整体安排，人力资源部在大众媒体上发布了招聘广告，公布了招聘人选的学历和经历要求。一周左右，人力资源部就收到了500多份简历。人力资源部从中选出50份候选简历，然后通过性格测验，最后确定了5名候选人，并将5份候选人简历提交给总经理。经过人力资源部和总经理的面试，总经理对候选人小张和小刘两人印象深刻，决定录用小张和小刘作为分公司的经理。

半年后，公司进行绩效考评时发现，小张和小刘的工作业绩不如预期，指定的工作经常不能按时完成，有时甚至觉得他们不能胜任工作。小张和小刘抱怨下属员工在工作中不配合，公司的很多制度和流程不合理却又必须遵守，公司的管理制度也不是面试时介绍的那样完善。他们觉得自己的能力很难在公司发挥。8个月后，小张和小刘相继离职。

案例思考

1. 该公司在招聘实施过程中存在哪些问题?
2. 如果你是人力资源部经理，你将如何改进招聘工作?

案例4

案例背景

随着互联网技术的发展，化妆品销售竞争日趋激烈。为了提升销售业绩，佳宝公司销售部提交了人员增补计划，决定以社会招聘的方式，招募一批具有专业背景的业务人员，充实员工队伍。人力资源部招聘主管金燕是本次招聘的主要负责人，在招聘过程中她觉得有3人符合销售部的选人标准。

她认为：何涛的个人简历体现出其具有丰富的工作经验和良好的专业背景，另外，他是领导推荐的，应该录用；周韵具有金融学与法学双学士学位，在校期间成绩优秀，无不良记录，入职后可安排相关岗位让其锻炼发展成为业务骨干；刘熙完全符和销售部的岗位设置要求，简历中体现出专业经历丰富、专业理论知识扎实，有多家公司的任职经历。金燕通过与候选人简单沟通，并经上级领导批准后，就为他们办理了入职手续。

令人失望的是，3人在踏上工作岗位后，出现了一系列问题。何涛虽然工作认真负责，但是其业务能力完全不能胜任岗位，影响了公司的运行效率；周韵在熟悉工作岗位后，体现出很强的专业能力，个人成绩突出，但是他不合群，不能融入团队，造成了内部矛盾，影响了整个团队的工作效率；刘熙在工作一段时间后总是请病假，他行为怪异、情绪反常，通过背景调查才发现他五年里换了五个工作单位。

案例思考

1. 请分析该公司在招聘销售人员时存在的问题。
2. 该公司应如何提高招聘工作的有效性?

四、参考答案

【理论知识部分】

(一) 判断题

1.√ 2.√ 3.× 4.× 5.× 6.× 7.√ 8.√ 9.√ 10.× 11.× 12.× 13.√ 14.√ 15.√ 16.√ 17.× 18.√ 19.× 20.× 21.× 22.√ 23.× 24.√ 25.√ 26.√ 27.√ 28.√ 29.√ 30.× 31.√ 32.√ 33.× 34.√

35. √ 36. × 37. √ 38. √ 39. × 40. × 41. × 42. √ 43. √ 44. √ 45. √
46. × 47. × 48. × 49. × 50. ×

(二) 单项选择题

1. A 2. A 3. A 4. A 5. A 6. A 7. A 8. A 9. B 10. A 11. A 12. C 13. A
14. B 15. A 16. D 17. D 18. A 19. A 20. A 21. A 22. A 23. A 24. A 25. B

(三) 多项选择题

1. ABD 2. ABC 3. AB 4. ABCD 5. ABCD 6. ABCD 7. ABCD 8. ABCD
9. ABCD 10. ABCD 11. ABCD 12. ABCD 13. ABCD 14. ABCD 15. ABCD
16. ABC 17. ABCD 18. ABCD 19. BD 20. ABD 21. ABC 22. ABCD 23. ABCDE
24. AD 25. ABC

【技能部分】

案例 1

答题思路

1. 本次招聘中存在的问题

(1) 招聘总经理缺乏事先规划，没有明确的任职资格或胜任素质要求。

(2) 招聘渠道选择不合理，候选人选择范围太窄，影响了候选人员的数量和质量。

(3) 人才选拔方式单一，面试过程较为简单，评价主观性强。

(4) 录用过程缺乏有效的决策机制，缺少全面的背景调查。

2. 改进高层管理者招聘的有效对策

(1) 人力资源部要与董事长沟通确定总经理的胜任素质模型，提供专业的建议，明确招聘的标准。

(2) 人力资源部要与董事长沟通，建议拓展招聘渠道，确保总经理候选人的选择面和契合度。

(3) 运用合适的总经理选拔测评方法，并做好背景调查，确保候选人信息的真实性和评价的科学性。

(4) 完善录用决策机制，规避录用决策风险。

案例 2

答题思路

1. 招聘未达到预期效果的原因

(1) 招聘选拔标准不合理。其他公司现成的岗位胜任素质模型与公司岗位要求不一致。

(2) 人才招募过程不完善。招聘渠道的选择过于单一，招聘要求存在一定的偏差，不够客观。

(3) 招聘选拔流程不科学。面试小组专业性不强，结构单一，缺乏统一培训，对岗位要求把握缺乏一致性，评价主观性强。

2. 招聘工作的改进建议

(1) 需要根据公司发展战略和岗位要求进行工作分析，确定岗位的核心素质要求。

(2) 招聘渠道选择应多元化，结合岗位的特点采用内部招聘和外部招聘相结合的方式，以提高候选人的数量和质量。

(3) 应客观真实地介绍公司招聘岗位的工作内容、待遇等情况，提高应聘者对岗位情况的客观认知。

(4) 应合理组建面试团队，面试团队结构要多元化，包括分管领导、测评专业人员等。还应进行必要的面试官培训来提高对应聘人员评价的准确性和客观性。

案例3

答题思路

1. 招聘实施过程中存在的问题

(1) 招聘标准不够明确，只发布了应聘者的学历和经历要求。

(2) 招聘渠道选择不合理，大众媒体不适合此类岗位的招聘。

(3) 甄选过程不合理，性格测验筛选应聘者的方式科学性不强，在决策时依据总经理的直觉印象做出判断缺乏规范的评价流程。

(4) 向应聘者介绍企业情况时，信息不够客观。

2. 改进对策

(1) 根据岗位职责确定任职要求，包括能力、价值观、文化等方面。

(2) 作为关键岗位，在选拔时可采用评价中心技术等全面考察应聘者，做到人与岗位匹配、人与团队匹配、人与组织匹配。

(3) 招聘渠道的选择可以考虑内部渠道和外部渠道相结合。

(4) 完善员工录用决策程序，提升招聘决策机制的合理性。

(5) 结合公司发展需求，做好人才需求分析，制订人才储备计划。

案例4

答题思路

1. 招聘存在的问题

(1) 对公司发展战略缺乏了解，没有明确的选拔标准。

(2) 招聘前没有做好准备工作，缺乏岗位说明书，对销售人员的岗位要求、素质标准没有明确的规定和说明。

(3) 选拔手段较为简单，简历筛选不够有效，缺乏必要的背景调查等。

(4) 招聘决策流程不合理，录用决策体系不规范，缺乏用人部门的参与。

2. 提高招聘工作有效性的措施

（1）人力资源部和销售部共同参与，建立合理的招聘团队。

（2）进行有效的工作分析，确定销售人员岗位要求、工作职责和任职资格，明确销售人员的岗位标准，以此为招聘选拔的依据。

（3）选择合适的人才测评方法，并进行必要的背景调查等。

（4）健全录用决策制度，完善录用决策机制，避免招聘决策风险。

3

第三单元

培训与开发

一、学习要求

通过本单元的学习，学员应了解培训成果转化概述、培训成果转化的方法与措施、培训评估和员工职业生涯规划等；掌握培训制度体系、培训组织体系、培训课程设计、培训成果转化的影响因素等；能够制定企业培训制度、规划和目标，撰写培训评估报告和指导员工进行职业发展规划等。

二、职业鉴定考核要点

【理论知识部分】

<table>
<tr><th>鉴定范围</th><th>鉴定点</th><th>知识点</th><th>重要系数</th></tr>
<tr><td rowspan="11">培训管理体系建设</td><td rowspan="3">培训制度体系</td><td>培训制度体系的概念</td><td rowspan="3">5</td></tr>
<tr><td>培训制度体系的内容</td></tr>
<tr><td>培训制度体系的建立与修订</td></tr>
<tr><td rowspan="3">培训组织体系</td><td>培训管理工作的职责、层次</td><td rowspan="3">9</td></tr>
<tr><td>培训组织机构</td></tr>
<tr><td>培训与开发专业人员的角色和素质要求</td></tr>
<tr><td rowspan="5">培训课程设计</td><td>课程设计的目标确定</td><td rowspan="5">5</td></tr>
<tr><td>课程的类型</td></tr>
<tr><td>课程设计的原则</td></tr>
<tr><td>课程设计的基本要素</td></tr>
<tr><td>课程内容的设计</td></tr>
<tr><td rowspan="10">培训成果转化</td><td rowspan="3">培训成果转化概述</td><td>培训成果转化的概念</td><td rowspan="3">5</td></tr>
<tr><td>培训成果转化的意义</td></tr>
<tr><td>培训成果转化的相关理论</td></tr>
<tr><td rowspan="3">培训成果转化的影响因素</td><td>个人特征</td><td rowspan="3">5</td></tr>
<tr><td>转化氛围</td></tr>
<tr><td>组织特征</td></tr>
<tr><td rowspan="4">培训成果转化的方法与措施</td><td>客观看待培训成果</td><td rowspan="4">5</td></tr>
<tr><td>培训成果转化的方法</td></tr>
<tr><td>提高培训的投资回报率</td></tr>
<tr><td>提高管理培训的实效</td></tr>
</table>

续表

鉴定范围	鉴定点	知识点	重要系数
培训评估	培训评估概述	培训评估的概念	5
		培训评估的内容	
		培训评估的时机	
		培训评估的分类	
		培训评估的方法	
		培训评估的注意事项	
	培训评估程序	做出培训决定	5
		评估规划	
		数据的收集、整理和分析	
		撰写培训评估报告	
	培训评估模型	培训项目评估模型	5
		培训效果评估模型	
	培训效果的经济价值分析	培训成本的测量	5
		培训成本收益率	
		收益估计的货币化	
员工职业生涯规划	职业生涯规划概述	职业生涯规划的基本概念	9
		职业生涯的三维策划	
		职业生涯规划的地位和作用	
		职业生涯各阶段的特征	
		制定职业生涯规划的原则	
	职业生涯相关理论	“职业锚”理论	5
		职业个性匹配理论	
	员工自我职业生涯管理	影响员工职业生涯选择的因素	5
		员工职业生涯规划的设计	

【技能部分】

序号	鉴定内容	重要系数
1	根据培训目的、对象、资源，提出培训方法，制定企业培训制度	9
2	制定培训规划，编制年度计划和经费预算	5
3	根据企业战略发展规划，制定培训目标	9
4	评估培训效果，撰写（或审定）评估报告	9
5	指导员工进行职业发展规划	9

三、练习题

【理论知识部分】

(一)判断题(下列判断正确的请打"√",错误的请打"×")

1. 企业培训的主体是企业、员工和人力资源部。 ( )

2. 培训制度体系是指能够直接影响和作用于组织培训系统及其活动的各种法律、规章、制度和政策的总和。 ( )

3. 企业培训制度为培训活动提供一种制度性框架和依据,促使培训沿着法制化、规范化的轨道运行。 ( )

4. 企业培训涉及两个培训主体,分别是企业和员工。 ( )

5. 培训结果与晋升、工资挂钩,可以提升培训的效果。 ( )

6. 培训考核制度包括培训的主体和客体、培训的内容、培训考核的标准、考核结果的签署、证书的发放等。 ( )

7. 培训可以提升员工的知识和技能水平,提升员工的价值,员工都会积极参与,不需要激励。 ( )

8. 培训考核评估制度影响各方对培训的态度,以及培训工作能否日趋完善。 ( )

9. 培训风险管理制度主要是指培训合同签订和管理制度。 ( )

10. 培训制度要具有稳定性,不具普遍性的例子不要上升到制度的层面,同时培训制度又需要经常调整和不断完善,这是培训制度的一般和具体相结合的原则。 ( )

11. 不同的培训项目都有自己的特殊情况,为了使培训制度适用于任何的培训项目和培训对象,培训制度的规定不能太具体,只要提供基本的原则就行了,这是培训制度的稳定与灵活相结合的原则。 ( )

12. 培训体系的构建与管理工作纷繁庞杂,需要高层提供资源、方法、制度,培训部提供政策、方向和支持。 ( )

13. 培训工作涉及环节多、参与管理人员多,建立分工明确、职责明晰的培训组织机构是确保培训工作顺利开展的基础。 ( )

14. 研究、需求分析、评估是人力资源开发专业人员五角色理论中分析/评估角色的任务。 ( )

15. 具有信息反馈、协作、应用电子系统、设定目标的能力等是人力资源开发专业人员五角色理论中分析/评估角色需要具备的能力。 ( )

16. 罗杰·贝尔特认为人力资源培训与开发专业人员的角色包括培训者、设计者、创新者、顾问和管理者。 ( )

17. 培训者和顾问的任务在于维持培训与开发的正常运作和既定绩效。 ( )

18. 培训者、设计者、创新者、顾问和管理者中,培训者的作用最为核心。 ( )

19. 员工完成工作任务所需的设备、材料、操作手册等,是培训课程目标中操作标准

要素的内容。 ( )

20. 受训者在培训结束时要会做什么，是培训课程目标中操作标准要素的内容。 ( )

21. 培训课程的类型包括学科课程、理论课程、活动课程、核心课程和模块课程。 ( )

22. 课程内容的选择要与企业生产经营实践活动结合在一起，反映企业生产经营实践的要求，主动适应企业生产经营发展趋势，这是课程内容选择的有效性要求。 ( )

23. 培训开发迁移是指受训者持续而有效地将培训中所获得的知识、技能、行为和态度运用于工作中，从而使培训开发发挥最大价值的过程。 ( )

24. 认知转化理论认为，应该在培训开发项目中让受训者自行控制新技能及特定行为方式在工作中的运用。 ( )

25. 自我管理理论认为，一切新的、有意义的学习都是在原有的学习基础上产生的，不受学习者原有认知结构影响的学习是不存在的。 ( )

26. 企业关于员工知识和技能水平提高、创新、工作绩效改善的相关政策和规定，以及管理者对培训的态度和支持程度，是影响培训结果转化的重要因素。 ( )

27. 培训评估是培训过程的必备环节，应在培训结束后马上开展。 ( )

28. 培训评估就是指依据培训目标，运用科学的评估方法，检测培训效果。 ( )

29. 培训本身评估的方法一般包括培训者或培训管理人员进行自我评估、闭卷考试评估、学员评估、技能竞赛、外聘专家评估等。 ( )

30. 培训效果评估的结果有三种：积极的培训效果、中性的培训效果、消极的培训效果。 ( )

31. 评估不是为项目决策提供科学依据，而是出于公关考虑，或者是装饰门面，使既定决策合法化，如发生这种情况必须进行培训评估。 ( )

32. 培训项目目标不明确或目标缺乏共识时，必须进行评估。 ( )

33. 培训项目需要 3 个月或更长时间时，不要急于进行评估。 ( )

34. 培训效果的评估方法大致分为定性评估和定量评估两大类。 ( )

35. 观察员工受训后行为的变化来考察培训效果，包括角色扮演法和情景模拟法，这是培训评估方法中的对比法。 ( )

36. 访谈法是通过评估者和被培训者、培训者或被培训者的上级详细面谈来调查培训效果。 ( )

37. 培训评估的整个过程包括做出评估决定、评估规划、评估操作、数据分析与整理、评估报告编写。 ( )

38. 培训评估者主要分为内部评估者与外部评估者。 ( )

39. 内部评估者的优势在于对评估过程中遇到的技术难题有较强的处理能力。 ( )

40. 在培训评估开始之前，一定要搞清楚评估的目的。 ( )

41. 汉姆布林模型将培训效果分为四个递进的层次：反应、知识、行为、效果。（　　）

42. 柯克帕特里克模型中，反应层评估是指征询受训者对于培训的印象、培训的实用性等主观感受。（　　）

43. 对培训的效果进行经济价值评估，有助于组织的高层管理者了解项目的绩效和对业务目标的影响。（　　）

44. 培训收益是指企业从培训项目中所获得的价值，包括劳动生产率的提高、产品质量的改进、产品销量的增加、成本的降低、事故的减少等。（　　）

45. 培训成本收益率、投资回报率、效用分析等方法常用来评估培训投资回报率。（　　）

46. 培训成本收益分析从财务角度把培训看作是一项成本和费用支出。（　　）

47. 培训投入产出分析是为了评估培训资金投入的利用效率。（　　）

48. 培训投资回报率是评估培训活动对组织价值增长的贡献。（　　）

49. 职业生涯规划是指组织或者个人把个人发展与组织发展相结合，对决定个人职业生涯发展的个人因素、组织因素、社会因素等进行分析，制定有关个人在事业发展上的战略设想与计划安排。（　　）

50. 影响职业生涯选择的因素包括个人因素、社会环境因素和组织环境。（　　）

（二）单项选择题（下列每题的选项中，只有1个是正确的，请将其代号填在括号内）

1. 企业的培训制度体系不包括（　　）。

A. 风险管理制度　　B. 培训预算制度
C. 激励制度　　D. 入职培训制度

2. 与培训对象签订无固定期限的劳动合同，合同中应明确双方的权利义务和违约责任，并加入保密条款和违约补偿条款等，这是培训制度中的（　　）。

A. 风险管理制度　　B. 培训奖励制度
C. 激励制度　　D. 入职培训制度

3. 企业与员工签订培训协议，在协议上明确规定员工接受培训后，在规定的时间内不得离开公司，这是化解员工培训后离职的（　　）措施。

A. 培训前收回投资　　B. 培训期间收回投资
C. 培训后收回投资　　D. 竞业限制

4. 了解行业知识、计算机应用能力、数据分析能力、问题研究能力等是人力资源开发专业人员五角色理论中（　　）需要具备的能力。

A. 分析/评估角色　　B. 开发角色
C. 行政管理者角色　　D. 被培训者角色

5. 管理、市场营销、变革顾问、职业咨询是人力资源开发专业人员五角色理论中（　　）的任务。

A. 分析/评估角色　　　　　　　　B. 开发角色

D. 行政管理者角色　　　　　　　D. 战略角色

6. 培训者、设计者、创新者、顾问和管理者中，居中心位置的是（　　）。

A. 培训者　　B. 设计者　　C. 顾问　　D. 管理者

7. 罗杰·贝尔特的五角色理论中，需要掌握培训需求分析、培训项目开发技能的是（　　）。

A. 培训者　　B. 设计者　　C. 顾问　　D. 管理者

8. 罗杰·贝尔特的五角色理论中，需要组织能力和影响力的是（　　）。

A. 培训者　　B. 设计者　　C. 顾问　　D. 管理者

9. 与学科课程相对的，以学员的兴趣和动机为基本出发点，以学员的自我发展为中心来组织教学科目的，是（　　）。

A. 合科课程　　B. 广域课程　　C. 活动课程　　D. 理论课程

10. 培训课程设计的指导思想是（　　）。

A. 符合现代社会学习者的需求　　B. 符合成人学习的认知规律

C. 用系统的方法设计培训课程　　D. 用最优化原则指导培训课程体系设计

11. 培训成果转化的相关理论包括认知转化理论和（　　）。

A. 情境领导理论　　B. 自我管理理论

C. 人力资本理论　　D. 双因素理论

12. 认知转化理论认为，转化能否实现在于认知结构的可利用性、可辨别性和（　　）。

A. 可量化性　　B. 通用性　　C. 准确性　　D. 稳定性

13. （　　）不是影响培训开发成果转化的主要因素。

A. 员工个人特征　　B. 转化氛围

C. 组织特征　　D. 培训课程设计

14. 影响培训开发成果转化的因素中，员工个人特征包括自我效能、认知能力、动机、（　　）等。

A. 学习方式　　B. 教学方式　　C. 家庭背景　　D. 文化特征

15. 培训评估的内容包括对培训者进行评估、对培训效果进行评估、（　　）等。

A. 对培训本身进行评估　　B. 对培训预算进行评估

C. 对受训者进行评估　　D. 对下阶段培训如何开展进行评估

16. 当培训项目经费超过一定的警戒线时、培训项目需3个月或更长时间时、（　　），需要及时进行培训评估。

A. 培训项目的效果对组织很关键时

B. 培训项目目标不明确时

C. 培训目标缺乏共识时

D. 培训项目评估结果不能得到利用时

17. 当培训项目目标不明确时、评估决策者动机不纯时、（　　），不要进行培训评估。

A. 培训项目的效果还未充分展示出来时

B. 培训项目需 3 个月或更长时间时

C. 组织面临一系列重大改革举措时

D. 培训项目经费超过一定的警戒线时

18. 通过（　　），可以了解培训有无成效，以及员工接受培训后素质的提高是否达到预期目标，这是衡量培训工作效果的唯一标准。

A. 培训者评估　　B. 培训本身评估

C. 培训效果评估　　D. 培训经费评估

19. 运用定性评估方法评估学员的培训效果，主要采用（　　）。

A. 培训效果调查表　　B. 成本-收益评价

C. 技能竞赛　　D. 外聘专家评估

20. 培训评估方法包括访谈法、对比法、自我评估法、（　　）等。

A. 行为观察法　　B. 成本-收益评价法

C. 技能竞赛法　　D. 外聘专家评估法

21. 国内外运用广泛的柯克帕特里克的四级评估模型将培训效果分为四个递进的层次，即反应、知识、行为和（　　）。

A. 效果　　B. 刺激　　C. 认可　　D. 利益

22. 柯克帕特里克的四级评估模型中，对培训表面效果测评的是（　　）。

A. 反应　　B. 知识　　C. 行为　　D. 刺激

23. 汉姆布林模型与柯氏模型基本相似，将培训评估分为若干等级，分别是反应评估、学习效果评估、工作行为评估、（　　）等。

A. 组织目标评估　　B. 组织认可评估

C. 个人发展评估　　D. 个人行为评估

24. 职业生涯的三维策划包括主动策划、组织策划和（　　）。

A. 社会策划　　B. 个体策划　　C. 行业策划　　D. 阶段策划

25. 在组织和职业中塑造自我，要胜任目前的工作，并力求在选定的具体领域获得成功，是（　　）的基本任务。

A. 职业准备阶段　　B. 进入组织阶段

C. 职业早期阶段　　D. 职业中期阶段

（三）多项选择题（下列每题的选项中，至少有 2 个是正确的，请将其代号填在括号内）

1. 企业的培训制度体系主要包括（　　）。

A. 培训服务制度　　B. 入职培训制度
C. 培训激励制度　　D. 培训预算制度
E. 培训报销制度

2. 入职培训制度的内容通常包括意义和目的、适用范围、请假手续和补救措施、（　　）等。

A. 入职培训的基本要求　　B. 入职培训的基本方法和形式
C. 入职培训期间的待遇　　D. 实施主体和各层各部门的责任人
E. 培训测评标准

3. 化解员工培训后离职难题的措施包括（　　）。

A. 培训前收回投资　　B. 培训期间收回投资
C. 培训后收回投资　　D. 签订竞业限制协议
E. 收取担保金

4.（　　）是企业常见的培训风险防范制度。

A. 与培训对象签订长期劳动合同
B. 劳动合同中加入保密条款和违约补偿条款
C. 签订培训合同
D. 建立严格的考核评估制度
E. 扣押相关证件

5. 培训制度的建立和修订必须遵循（　　）的原则。

A. 与组织战略相匹配　　B. 稳定与灵活相结合
C. 一般和具体相结合　　D. 长期和短期相结合
E. 前瞻性原则

6. 英国培训专家罗杰·贝尔特提出的人力资源开发专业人员五角色理论包括（　　）。

A. 设计者　　B. 创新者　　C. 顾问　　D. 管理者
E. 培训者

7. 培训者、设计者、创新者、顾问和管理者中，需要具备开阔视野、灵活思维，具有相关经验，敢于承担风险和责任等的是（　　）。

A. 培训者　　B. 设计者　　C. 顾问　　D. 管理者
E. 创新者

8. 培训课程目标包括（　　）等要素。

A. 操作目标　　B. 操作条件　　C. 操作标准　　D. 操作技术
E. 操作手册

9. 培训课程可以分为学科课程、（　　）等。

A. 合科课程　　B. 核心课程　　C. 活动课程　　D. 理论课程

E. 专业课程

10. 培训课程设计的原则包括（　　）等。

A. 符合现代社会学习者的需求

B. 符合成人学习的认知规律

C. 用系统的方法设计培训课程

D. 用最优化原则指导培训课程体系设计

E. SMART 原则

11. 培训课程设计的基本要素是（　　）。

A. 教师　B. 学习者　C. 培训教材　D. 教学程序

E. 培训环境

12. 课程内容的选择一直是课程设计的核心问题，需要考虑（　　）等因素。

A. 相关性　B. 有效性　C. 价值性　D. 准确性

E. 可操作性

13. 培训成果转化的相关理论包括（　　）。

A. 认知转化理论　B. 自我管理理论

C. 职业生涯理论　D. 个人认知理论

E. 双因素理论

14. 培训成果转化的意义包括（　　）。

A. 体现培训开发工作价值　B. 企业竞争力提升的关键环节

C. 提升员工工作效率　D. 体现培训组织者的业绩

E. 节省培训费用

15. 关于认知转化理论的描述，正确的是（　　）。

A. 强调要注意培训开发的知识与受训人员原有知识和经验的衔接

B. 新知识与同化它的原有观念系统的可分辨程度越高则越有利于新知识的学习

C. 认知结构中可利用来起固定作用的适当观念越多，越有利于培训成果转化

D. 受训者自行控制新技能在工作中的运用越多，越有利于培训成果转化

E. 认知结构中可利用来起固定作用的适当观念越多，越不利于培训成果转化

16. 为了巩固培训效果，培训人员可建议管理者采取（　　）等方法。

A. 建立学习小组　B. 要求受训者制订行动计划

C. 营造支持性的工作环境　D. 制定多阶段培训方案

E. 加强考核力度

17. 提高管理培训的实效，需要做好的工作包括（　　）。

A. 做好变革的准备　B. 鼓励、保持和评估变革

C. 培训与发展　D. 确保组织支持

E. 奖励良好行为

18. 员工培训评估的内容主要体现在（　　）等方面。

A. 培训者评估　　B. 培训课程评估

C. 培训本身评估　　D. 培训程序评估

E. 培训效果评估

19. 培训者评估常用的评估方法包括（　　）等。

A. 学员评估　　B. 培训师评估　　C. 自我评估　　D. 部门评估

E. 组织培训评估

20. 评估培训本身的评估方法一般包括（　　）等。

A. 培训者自我评估　　B. 考试评估

C. 外聘专家评估　　D. 人力资源部评估

E. 培训师评估

21. （　　），需要进行培训评估。

A. 在培训项目经费超过一定的警戒线时

B. 在培训项目的效果对组织很关键时

C. 在培训项目本身缺乏外在价值时

D. 在单个单元的培训会对组织其他业务单元产生很大影响时

E. 在领导要求评估时

22. （　　），不要进行培训评估。

A. 在培训项目目标不明确或目标上缺乏共识时

B. 在培训项目的效果对组织很关键时

C. 在培训项目本身缺乏外在价值时

D. 在单个单元的培训会对组织其他业务单元产生很大影响时

E. 在小规模的培训时

23. 目前，国内外运用广泛的培训评估方法是柯克帕特里克在1959年提出的培训效果评估模型，该模型根据评估的深度和难度将培训效果分为几个层次，包括（　　）等。

A. 反应层　　B. 知识层　　C. 行为层　　D. 效果层

E. 激励层

24. 企业需要关注员工职业生涯的规划，包括（　　）等方面。

A. 主动规划　　B. 组织规划　　C. 个人规划　　D. 部门规划

E. 被动规划

25. 影响员工职业生涯选择的个人因素包括（　　）。

A. 能力　　B. 人格特征

C. 职业发展阶段　　D. 职业锚

E. 家庭

【技能部分】

案例 1

案例背景

悦华科技公司是一家有 20 多年历史的大型通信服务企业，拥有近 800 人的员工队伍。咨询服务中心是公司最大的部门，部门内 100 多名员工根据服务项目分成若干团队。前几年，在公司业务快速扩张时，咨询服务中心招聘了一批大学生充实到团队中，经过几年的磨合，优化和完善了许多业务流程，大大提高了部门的工作效率，获得了公司领导和其他部门的好评。

然而，好景不长，近两年咨询服务中心出现了人才流失。当年的大学生现在已成长为各业务板块的骨干，他们纷纷要求换岗或者跳槽，就连刚升任部门经理助理的王伟也多次向领导反映希望重返业务岗位。

王伟表示："我是真的不想做部门经理助理，如果可以选择的话，我还是喜欢做业务、做实事。我知道可能是我的人缘比较好，领导看得起我所以让我做管理工作。但是，现在在管理方面的工作量大，我没有太多的时间更深入地学习业务，而管理工作也是边工作、边自学，我觉得自己的管理能力不够，做起来很吃力。团队里的很多员工也是牢骚满腹，有不少员工还是比较适合做业务的，但现在还承担比较多的事务性工作。我们现在主要是师傅带徒弟，其他培训比较少，不利于大家成长。"

人力资源部夏明经理找到了刚提出辞职申请的咨询服务中心员工李华。李华说："我进公司已 5 年多了，业务能力在团队中数一数二，其他员工在工作中遇到问题通常都会寻求我的帮助，新进员工大多也是由我带教培训。总觉得自己应该有升职的机会，但是就目前部门实际情况来看，一个经理、一个副经理、两个经理助理，各团队都配有一个业务主管，且都是资历较深的老员工。对我或其他年轻骨干而言几乎没有任何升职的希望或机会，我只能另外寻找发展的机会和路径。"

案例思考

1. 该公司在员工培养和发展方面存在什么问题?

2. 如果你是人力资源部经理，你应如何解决该公司的这些问题?

案例 2

案例背景

海丰公司是一家机电产品研发和生产公司，由于业务快速增长，公司招聘了大量新员工。最近，研发和质量控制方面出现了问题，客户的投诉增加。

总经理十分重视，要求人力资源部迅速解决这个问题。人力资源部针对这一问题，实施了针对产品设计部与质量控制部的 40 多名员工的岗位技能培训，公司投入了相当大的资源，包括培训场地、培训时间、培训材料和培训讲师。

培训结束后，人力资源部着手跟进培训成果转化。但是评估结果让人不是十分满意。

在课堂上非常认真的员工，实际工作中的技能并没有明显改善或提高，有些甚至忘了培训的内容。有些员工对培训显得满不在乎，并没有认真对待。人力资源部经理周启明随即与部门经理做了沟通。部门经理虽然都表示十分重视培训，但当周启明请他们指出员工哪些方面存在不足时，他们却基本予以回避，不承认他们的员工在培训成果转化方面存在问题。周启明向两位部门经理提出，希望他们严格执行培训目标的跟进，对不愿意或勉强改变工作技能的员工予以一定的惩戒。

但是周启明发现两位部门经理对培训目标的落实并不关心，他们更看重与员工建立良好的关系，从而推动员工努力工作，并不希望按照培训目标严格控制员工，认为这会影响他们自己与员工已经建立的良好关系。周启明亲眼看到质量控制经理指出一个员工没有按照培训课程要求的流程进行操作，这位员工嬉皮笑脸地说："呵，老大，我下回记住就是了。"质量控制经理笑着拍拍他的肩膀就走了。

案例思考

1. 请分析这次岗位技能培训效果不佳的原因。
2. 该公司应如何提高员工培训的效果？

案例 3

案例背景

鹤峰公司是一家从事航天技术开发的高科技企业，拥有一大批高学历、高技能的人才。公司一贯重视员工的培养，鼓励员工参加各类在职学历教育，并在费用和时间上给予支持。

根据公司的学历教育补贴政策，员工取得学历证书后，公司承担 75%的学费和教材费，个人承担 25%。几年来，公司的工程师中大约有 50%通过该政策拿到了硕士学位。公司将员工的继续教育作为一种长效机制来实施，希望以此提高员工的士气和对公司的忠诚度。这个培训政策已经成为一项固定的员工福利。

严忠和是公司系统开发部经理，在公司工作了 15 年，为公司培养出许多骨干员工。但是最近几年，他看到部门里很多工作积极、技能高超的骨干人员在获得硕士或者博士学位后都离开了公司，十分心痛。

几天前，一位叫张天英的电气工程师来找严忠和。张天英也是公司补贴政策的受益人，半年前刚获得在职硕士学位，是严忠和的得力干将。张天英向严忠和表示歉意，因为看不到升职的机会，所学的知识在实际工作中也没有太大的作用，他决定离职。虽然张天英很感激公司和严忠和对他的培养，但是其他公司有一个新项目可以发挥他这几年的所学，而且还许诺给他更高的职位，权衡再三他还是决定辞职。

案例思考

1. 鹤峰公司在培训管理上存在什么问题？
2. 如果你是人力资源部经理，你会如何完善培训制度避免类似情况发生？

案例 4

案例背景

锐进精密机械公司目前有六个制造部门、一个销售中心和一个管理中心。近年来，随着业务的不断发展，公司管理人员和基层员工不断增加，这对公司管理提出了更高的要求。公司领导认为有必要进一步完善和强化公司培训制度，以吸引和保留高素质人才，提高人力资源效率，谋求企业更大的发展。

因此，公司总经理和人力资源部经理积极推动培训的实施，并邀请外部的培训公司参与公司培训方案设计的讨论。公司根据培训公司提供的受其客户欢迎的培训课程，编制了详细的培训方案。方案中既包括了培训公司推荐的外部管理培训课程，期望通过培训提高潜质员工的管理能力，以便把他们提拔到管理岗位上。方案中又包括一些内部培训，主要针对新员工，让他们能快速融入企业。培训形式较为多样，有课堂培训、素质拓展训练和公司高层管理培训等。同时，公司对培训时间进行了明确的要求，要求每个员工每年必须参加一定时间的培训。此外，公司对于职称、技能、证书认证等社会性考试或培训十分重视，对于通过的员工给予费用报销。

然而一年下来，员工对培训的反馈呈两极化，有些员工心存不满，觉得培训对自己的帮助不大，浪费时间，有些部门的经理觉得公司花了钱，但员工的绩效没有提高。而有些员工则收获满满，尤其是那些获得正式学历和接受高端管理培训的员工，但也出现了这部分员工跳槽的现象。总经理也很困惑，花了不少培训费，但没有收到预期的效果，到底问题出在哪里？

案例思考

1. 该公司的培训未达到预期效果的原因有哪些？
2. 该公司应如何改进培训管理措施？

四、参考答案

【理论知识部分】

（一）判断题

1. × 2. √ 3. √ 4. √ 5. √ 6. √ 7. × 8. √ 9. √ 10. √ 11. × 12. × 13. √ 14. √ 15. × 16. √ 17. × 18. × 19. × 20. × 21. × 22. × 23. √ 24. × 25. × 26. √ 27. × 28. √ 29. √ 30. √ 31. × 32. × 33. × 34. √ 35. × 36. √ 37. √ 38. √ 39. × 40. √ 41. × 42. √ 43. √ 44. √ 45. √ 46. √ 47. √ 48. × 49. √ 50. √

（二）单项选择题

1. B 2. A 3. C 4. A 5. D 6. D 7. B 8. D 9. C 10. D 11. B 12. D 13. D 14. A 15. A 16. A 17. A 18. C 19. A 20. A 21. A 22. A 23. A 24. A 25. C

（三）多项选择题

1. ABC　2. ABCD　3. ABC　4. ABC　5. ABC　6. ABCDE　7. CE　8. ABC　9. ABC　10. ABCD　11. ABC　12. ABC　13. AB　14. AB　15. ABCD　16. ABCD　17. ABCD　18. ACE　19. AC　20. ABC　21. ABD　22. AC　23. ABCD　24. AB　25. ABCD

【技能部分】

案例1

答题思路

1. 公司在员工培养和发展方面存在的问题

（1）没有根据公司发展战略规划建立员工职业发展通道。

（2）员工发展晋升机制不完善，存在论资排辈的现象，缺乏科学的评价标准和相应的制度和流程。

（3）员工培养机制不健全，缺乏岗位轮换、挂职锻炼、项目锻炼等人才培养模式，缺乏后备人才梯队建设。

（4）缺乏员工职业发展指导，对于员工的职业发展需求不明确。

2. 公司在员工培养和发展方面的改进措施

（1）针对公司发展战略目标，设计员工职业生涯发展"双通道"或"多通道"的人才发展管理模式，为员工的个人发展提供更多的机会。

（2）了解员工的职业发展意愿，指导员工进行职业生涯规划。

（3）完善公司内部员工晋升、任用标准和操作流程，为员工提供公平的职业发展平台。

（4）完善培训体系，丰富培训模式，通过轮岗等培训方式帮助不同员工提高能力，为员工的职业发展奠定基础。

案例2

答题思路

1. 岗位技能培训效果不佳的原因

（1）培训需求分析不完善，没有从组织、任务、员工三个层面进行深入分析，缺乏对公司战略的理解。

（2）培训结果与部门、员工绩效不挂钩，培训目标与员工个人职业发展没有联系。

（3）缺乏与部门经理的有效沟通和宣传，部门经理缺乏对培训项目的理解。培训工作得不到部门经理的支持，形式上重视，实际上应付。

2. 提高培训效果的对策

（1）充分理解公司发展战略，加强与业务部门经理沟通，取得部门经理的支持和帮助，使其认同培训对部门绩效的价值。

（2）深入开展技能培训重要性的宣传，与员工充分沟通培训的必要性和价值，让员工认识到培训既能提高员工对组织的价值，也有利于提高个人竞争力。

（3）加强培训成果转化的有效落地，通过建立学习小组、制订行动计划、营造支持性工作环境等措施提高培训成果转化效果。

（4）培训结果要纳入部门经理和员工的绩效考核内容，与晋升和薪酬挂钩。

案例 3

答题思路

1. 培训管理存在的问题

（1）公司培训制度缺乏规范性管理，培训制度和公司发展战略匹配度不够，没有结合公司业务发展目标。

（2）缺乏整体培训管理的规划，培训投入只体现在学历方面，不利于企业长期培养人才目标和计划的实现。

（3）员工培训的后续管理不到位，对参加相关培训或者获得相关学位的人员，在使用和职业发展方面缺乏跟进的措施。

（4）培训管理制度缺乏风险管理和控制，导致参加培训的员工离职现象不断发生，影响公司业务的发展。

2. 完善培训制度避免类似情况发生的建议

（1）建立与公司发展目标相匹配人才培养战略，规范人才培养机制。

（2）不断完善和调整培训管理制度，按照规定的程序进行，避免主观性。

（3）培训管理制度要有系统性，要建立员工培训档案，持续跟踪培训成果，创造条件让受训人员学有所用。

（4）建立培训服务制度，加强培训风险管理和控制，对某些培训项目约定服务期。

案例 4

答题思路

1. 培训未达到预期效果的原因

（1）培训需求调研与分析缺失，没有结合公司发展战略开展培训，仅以培训公司提供的课程作为计划的依据不全面。

（2）培训管理制度与政策不完善，缺乏对公司业务的支持。

（3）缺乏培训过程和结果的全面评估，没有及时发现和改进实施中的问题。

（4）缺乏有效的培训投资的风险控制。

2. 改进培训管理措施的建议

（1）结合公司发展战略，从组织、任务和员工层面确定培训需求，并进行培训现状与需求调研。

（2）加强人力资源部人员培训管理专业能力的提高。

(3) 建立完善的培训管理机制，明确奖惩，并与参与投入较大的培训项目的培训对象签订培训协议。

(4) 结合培训内容设计培训模式和课程，编制公司的培训计划。

(5) 加强培训过程的控制与评估，提高培训效果。

4

第四单元

绩效管理

一、学习要求

通过本单元的学习，学员应掌握绩效管理体系构建和绩效管理实施；熟练掌握标杆管理、关键绩效指标（KPI）、平衡计分卡等主要绩效评估方法（绩效评估也称绩效考评、绩效考核）；能够进行绩效评估结果的分析并制订绩效评估改进计划，明确绩效评估结果与企业薪酬之间的关系。

二、职业鉴定考核要点

【理论知识部分】

鉴定范围	鉴定点	知识点	重要系数
绩效管理体系构建	绩效管理制度	绩效管理制度的内容	9
		绩效管理制度的设计要求	
		绩效管理制度的建立步骤	
		绩效管理制度的执行步骤	
	绩效管理组织体系	绩效管理团队角色	5
		绩效管理人员培训	
		绩效管理风险控制	
绩效管理实施	绩效辅导	绩效辅导的作用	9
		绩效辅导的时机选择	
		绩效辅导风格的选择	
		绩效辅导程序及注意事项	
	绩效目标变更	目标执行中的变更	5
		目标执行中的修正	
绩效评估方法和结果分析	绩效评估的方法	标杆管理	9
		关键绩效指标（KPI）	
		平衡计分卡	
	绩效评估方法的选择	选择绩效评估方法的原则	9
		选择绩效评估方法的影响因素	
	绩效评估的结果分析	绩效评估结果的纵横分析法	5
		绩效评估结果分析的注意事项	
		综合分配绩效评估结果	

【技能部分】

序号	鉴定内容	重要系数
1	制定绩效管理制度	9
2	确定绩效评估的方法，筹划组织评估活动	9
3	反馈绩效评估结果，提出改进与发展建议	5
4	处理绩效评估申诉	5

三、练习题

【理论知识部分】

（一）判断题（下列判断正确的请打“√”，错误的请打“×”）

1. 企业的绩效管理制度分为管理和评估两个部分。（　　）

2. 绩效管理制度需要说明绩效管理过程中各类人员承担的职责和分工，以及应遵循的原则等内容。（　　）

3. 评估制度主要强调评估的分工、评估方法的选择，以及评估过程中的操作流程和评估计划。（　　）

4. 全面完整、公正客观是绩效管理制度的基本要求之一。（　　）

5. 绩效管理指标的贯彻执行必须保证绩效管理的科学性、合理性和公平性，应剔除个人偏好等感情因素，这是绩效管理制度设计时应体现的民主性与透明度要求。（　　）

6. 公司的管理基础决定公司的绩效管理制度的效率。（　　）

7. 绩效管理制度的设计步骤包括成立制度设计工作组、征求员工意见、开展绩效面谈等。（　　）

8. 绩效管理制度必须告知全体员工才能生效。（　　）

9. 及时有效原则是绩效管理制度解释的原则之一。（　　）

10. 绩效管理制度的内容一般不做改动，企业平均工资水平发生变化是可以更新内容的情况之一。（　　）

11. 员工在绩效管理中拥有发言权，是重要参与人。（　　）

12. 绩效管理团队各角色中，人力资源部最重要。（　　）

13. 人力资源部经理的职责包括直线经理的合作伙伴、业务流程的熟练掌握者、直线经理的培训员和绩效管理的直接责任人。（　　）

14. 为了统一各个评价者对于评价指标、评价标准的理解，需要对绩效管理人员进行培训。（　　）

15. 绩效管理的培训需求分析涉及制度、工作和人员三个层面。（　　）

16. 需要对评价者进行评价方法、绩效反馈等内容的培训。（　　）

17. 运行高效顺畅的绩效管理制度必然包含充分的沟通和有效的反馈机制。（ ）

18. 评估方法、评估工具和评估指标选择不合适，会造成评估指标设计不合理、评估标准界定不清晰、评估指标过于单一等评估技术上的问题。（ ）

19. 暗示/压力效应是绩效评估中评估者的主观错误之一。（ ）

20. 指标设计错误是绩效评估中评估者的客观错误之一。（ ）

21. 管理者在绩效辅导过程中应该扮演“教练”的角色。（ ）

22. 业绩指导者与员工建立一对一的密切联系，帮助他们制定具有挑战性的目标，给他们提供反馈，并在他们需要时提供支持。（ ）

23. 有效的辅导必须把握好进行辅导的时机，确保及时、有效地对员工进行指导。（ ）

24. 当员工需要征求意见时，是有效进行绩效辅导的好时机。（ ）

25. 当员工工作业绩出现问题时，如员工工作绩效的行为或结果不符合标准而其自身尚未发觉时，管理者应及时给予员工提示和指导以纠正其不当行为或观念。（ ）

26. 领导情境理论把领导划分为任务行为和关系行为两个维度。（ ）

27. 领导情境理论比较重视下属的成熟度，即员工完成任务的态度和意愿程度。（ ）

28. 对员工进行绩效辅导时需要信任员工，要给员工独立工作的机会。（ ）

29. 戴明环包括计划、执行、检查、修改完善四个过程。（ ）

30. 绩效目标执行中的变更是指目标执行过程中对评估标准进行修改。（ ）

31. 对绩效目标进行局部变更称为目标修正。（ ）

32. 只要是同行业企业，就可以作为标杆管理的标杆。（ ）

33. 制定关键绩效指标的步骤包括筛选指标、设置权重、修改确认等。（ ）

34. 关键绩效指标体系应该遵循 SMART 原则。（ ）

35. SMART 原则的“S”是指时效性。（ ）

36. 平衡计分卡方法突破了财务作为唯一指标的衡量方法，做到了多个方面的平衡，并为企业战略管理提供强有力的支持。（ ）

37. 平衡计分卡包括财务、客户、内部运营和学习成长四个维度。（ ）

38. 绩效评估的侧重点对选择何种绩效评估方法十分重要。（ ）

39. SMART 原则是选择绩效评估方法的重要原则之一。（ ）

40. 评估信度是指评估结果可信程度。（ ）

41. 评估效度是指评估结果的前后一致性。（ ）

42. 选择哪种绩效评估方法不受企业管理层态度的影响。（ ）

43. 以人员、部门、公司为变量，对不同绩效评估期的同一评估指标进行比较分析是评估结果的横向比较分析。（ ）

44. 在绩效评估结果分析过程中，对员工评估中难以量化的能力类指标和可量化的业

绩类指标需要采用统一标准进行分析。（　）

45. 在对绩效评估结果进行分析时应注意区别对待不同类型指标，并按层次进行结果分析。（　）

46. “九格图”是一种按综合素质、业绩来评估结果的方法。（　）

47. 在企业初创期，企业规模很小，可以不采用绩效评估方法。（　）

48. 不同的绩效评估方法对管理者的能力和管理素质有不同的要求，所以需要对管理者有针对性地进行培训。（　）

49. 绩效评估对象通过岗位职责对绩效评估方法的选择产生影响。（　）

50. 绩效评估完成后，人力资源部应该及时地对绩效评估结果进行整理、归档，并进行统计和分析。（　）

（二）单项选择题（下列每题的选项中，只有 1 个是正确的，请将其代号填在括号内）

1. 企业的绩效管理制度包括管理制度和（　）两部分。
   A. 沟通机制　B. 晋升制度　C. 评估制度　D. 培训机制

2. （　）不是绩效管理制度告知的内容。
   A. 告知绩效管理制度的监督机制、考核机制及追责机制
   B. 告知受约人享有对制度内容提出建议和意见的权利
   C. 告知绩效管理制度实施和生效的时间
   D. 告知考评小组成员名单

3. 要做到绩效管理制度告知的及时性和覆盖的全面性，途径选择至关重要，一般可供选择的途径包括电子邮件、公司内部网络、（　）等。
   A. 员工签收　B. 开会宣读
   C. 部门传达　D. 签订合同时作为附件

4. 绩效管理制度的解释是指绩效管理制度的制定者和解释者应当根据制度制定的原则，按照一定的程序对绩效管理制度的规定、含义进行解释和说明。（　）不属于解释的基本原则。
   A. 系统解释原则　B. 目标统一原则
   C. 长远发展原则　D. 长短结合原则

5. 企业绩效制度中管理制度的内容主要包括制定制度的目标宗旨、各类人员承担的职责和分工、（　）。
   A. 评估指标的选择和确定　B. 评估方法的选择和确定
   C. 绩效管理应遵循的原则　D. 评估过程的设计和操作

6. 绩效管理制度解释的途径包括集中培训和（　）等。
   A. 邮件群发　B. 部门传达　C. 公告　D. 作为制度的附件

7. 制度设计前调查包括了解相关法律法规、企业内部制度实施情况、（　）等。
   A. 企业的核心制度　B. 社会平均工资水平

C. 同行业相关制度　　D. 绩效评估的方法

8. 在绩效管理团队中，承担业务流程的熟练掌握者角色的是（　　）。

A. 总经理　　B. 人力资源部经理

C. 直线经理　　D. 员工

9. 为确保绩效管理制度的权威性，一般情况下制度的内容不应该经常变动。（　　）不是需要修改绩效管理制度的情况。

A. 企业面临的内外部环境发生变化

B. 在执行过程中发现本身操作性不够强

C. 所依据的国家法律法规、相关标准发生变化

D. 企业经营情况发生变化

10. 绩效管理人员培训需求分析涉及组织、（　　）和人员三个层面。

A. 流程　　B. 工作　　C. 直线经理　　D. 制度

11. 评估方法、评估工具及评估指标选择不合适，会造成评估标准界定不清、评估指标过于单一、（　　）等问题。

A. 评估指标有趋中错误　　B. 评估指标有马太效应

C. 评估指标设计不合理　　D. 评估指标有近因效应

12. 绩效辅导过程中要对员工的工作方法和（　　）进行及时的评估。

A. 工作结果　　B. 工作过程　　C. 工作态度　　D. 工作流程

13. 制定关键绩效指标的步骤包括设置权重和（　　）等。

A. 评估指标　　B. 修改指标　　C. 筛选指标　　D. 确认指标

14. SMART 原则中的 M 代表（　　）。

A. 可衡量原则　　B. 可实现原则　　C. 时效性原则　　D. 现实性原则

15. 对平衡计分卡的描述中，（　　）是不正确的。

A. 平衡计分卡突破了把财务指标作为唯一考核指标的局限

B. 平衡计分卡为企业战略管理提供强有力的支持

C. 平衡计分卡会加大企业的信息负担

D. 平衡计分卡做到了多个方面的平衡

16. 在选择绩效评估方法时应遵循（　　）。

A. 及时性原则　　B. 成本最优原则　　C. 可行性原则　　D. SMART 原则

17. 从评估对象的角度来看，常规性工作的评估方法强调（　　）的评估。

A. 业务技能　　B. 管理层　　C. 工作纪律　　D. 管理幅度

18. 从评估对象的角度来看，对企业中高层管理人员的评估重点是（　　）。

A. 管理幅度　　B. 管理效果　　C. 创新能力　　D. 工作态度

19. 绩效评估结果纵向比较分析的变量包括员工、（　　）等。

A. 过程　　B. 结果　　C. 指标　　D. 部门

20. 在企业初创期，企业规模小，管理人员少，绩效评估可以选择（　　）。

A. 不采用绩效评估方法　　B. 采用目标管理方法

C. 采用 KPI 绩效评估方法　　D. 采用平衡计分卡

21. 企业进入快速成长期，对企业的效率和经营成果提出了更高的要求，绩效评估一般可以选择（　　）。

A. 不采用绩效评估方法　　B. 目标管理方法

C. KPI 绩效评估方法　　D. 平衡计分卡

22. 平衡计分卡是一种全新的企业绩效评估系统，目前采用此方法的企业也多处于生命周期的（　　）。

A. 创业阶段　　B. 成长阶段　　C. 成熟阶段　　D. 衰退阶段

23. 如考核目的倾向结果导向，则不宜选择（　　）。

A. 目标考核法　　B. KPI 考核法

C. 潜能评估法　　D. 平衡计分卡

24. 下面关于平衡计分卡的描述不正确的是（　　）。

A. 为企业战略管理提供强有力的支持

B. 可以提高企业整体管理效率

C. 增加企业信息负担

D. 需要理顺各指标体系之间的关系

25. （　　）不是绩效管理制度的建立方法。

A. 小范围试点法　　B. 管理人员动员法

C. 行为访谈法　　D. 引入第三方法

（三）多项选择题（下列每题的选项中，至少有 2 个是正确的，请将其代号填在括号内）

1. 绩效管理制度中的评估制度主要包括（　　）等内容。

A. 评估指标的确定　　B. 评估方法的选择

C. 评估过程的操作流程　　D. 评估计划

E. 评估团队的构成

2. 绩效管理制度中的管理制度主要包括（　　）等内容。

A. 各类人员承担的职责　　B. 如何分工

C. 应遵循的原则　　D. 评估方法的选择和确定

E. 评估过程如何管理

3. 绩效管理制度的设计要求包括（　　）。

A. 全面性和完整性　　B. 相关性和有效性

C. 民主性和透明度　　D. 及时性和客观性

E. 无关性和有效性

4. 绩效管理的配套制度包括（　　）。

A. 完善的公司治理结构　B. 以绩效为导向的奖惩机制

C. 以绩效为导向的业务流程　D. 预算评估机制

E. 配套的信息平台

5. 制定绩效管理制度的方法包括（　　）。

A. 管理层拍板法　B. 管理人员动员法

C. 行为访谈法　D. 引入第三方法

E. 职工代表大会投票法

6. 建立绩效管理制度过程中，绩效管理制度的执行力受（　　）等因素影响。

A. 企业的管理水平　B. 企业的管理体系

C. 企业的支付能力　D. 企业文化

E. 行业惯例

7. 绩效管理制度的设计步骤包括（　　）。

A. 成立制度设计工作组　B. 设计绩效管理制度

C. 征求员工意见　D. 进行绩效面谈

E. 提交工会讨论

8. 绩效管理制度解释的原则包括（　　）。

A. 目标统一原则　B. 长远发展原则

C. 清楚准确原则　D. 系统解释原则

E. SMART 原则

9. 人力资源部经理作为绩效管理的专家，承担着（　　）的角色。

A. 绩效管理制度的制定人　B. 业务流程的熟练掌握者

C. 直线经理的培训员　D. 绩效管理的直接责任人

E. 绩效沟通的执行人

10. 绩效管理评估的技术问题包括（　　）等。

A. 指标设计不合理　B. 评估标准界定不清晰

C. 评估指标过于单一　D. 指标有近因效应

E. 评估指标多样化

11. 属于绩效评估风险中的评估者主观错误的是（　　）。

A. 暗示压力错误　B. 偏见定式错误

C. 指标设计错误　D. 严格或宽松错误

E. 评估技术使用不当

12. 管理者在绩效辅导过程中扮演“教练”角色的任务包括（　　）。

A. 对员工进行指导

B. 监控员工的工作过程

C. 培养员工工作中所需要的技巧和能力

D. 设计考核指标

E. 接受绩效申诉

13. 路径-目标理论的领导风格包括（　　）。

A. 指示型领导　　B. 支持型领导

C. 参与型领导　　D. 成就取向型领导

E. 结果型领导

14. 绩效目标执行中的变更包括（　　）。

A. 目标整体变更　　B. 目标局部变更

C. 短期目标变更　　D. 长期目标变更

E. 目标考核方法变更

15. 平衡计分卡的主要内容包括（　　）。

A. 财务指标　　B. 客户满意度　　C. 内部业务流程　　D. 学习和成长

E. 对标情况

16. 影响绩效评估方法选择的因素包括（　　）。

A. 考核目的　　B. 考核对象　　C. 考核预算　　D. 管理层态度

E. 员工态度

17. 绩效评估完成后，人力资源部应该及时对绩效评估结果进行整理、归档，并进行统计和分析。需要进行统计和分析的内容主要有（　　）。

A. 优秀人数比例和不合格人数比例各为多少

B. 不合格人员的主要不合格原因是什么

C. 是否有明显的考评误差出现

D. 能胜任工作岗位的员工比例占多少

E. 评估过程是否顺利

18. 纵向比较分析是指通过对员工本期指标考核结果与上期的考核结果进行对比分析，寻求业绩差距及引起差距的内在原因，具体可以从（　　）等方面进行。

A. 单项考核结果的平均水平与任一年度进行比较

B. 分析各单项考核结果的平均水平历年变化趋势

C. 分析单项考核指标平均值的历年变化趋势

D. 各组考核指标总体平均水平比较

E. 对于同一员工的各个指标进行比较

19. 选择绩效评估方法的原则包括（　　）。

A. 适应性原则　　B. 成本最优原则

C. 高信度原则　　D. 易于操作原则

E. 可靠性原则

20. 平衡计分卡实施过程中应该注意（　　）等问题。

A. 企业应该以战略为导向，并具有民主管理风格及较高的成本管理水平

B. 必须在企业内外进行沟通和联系，并应符合企业实际

C. 理顺平衡计分卡指标体系之间的关系

D. 与奖励制度结合

E. 强化财务指标的考核

21. 应用平衡计分卡必须考虑的因素包括（　　）等。

A. 企业所处的生命周期是否合适

B. 企业文化是否支持

C. 与企业原有的日常绩效考评指标体系有无冲突

D. 客户忠诚与满意程度、员工满意程度之间的平衡统一问题

E. 企业是否愿意支付更高的成本

22. 企业建立平衡计分卡体系需要经过（　　）等步骤。

A. 设计初步的指标评价体系

B. 与企业相关各方进行沟通和联系

C. 确定各项评价指标

D. 指标评价体系的实施与控制

E. 试运行

23. 关于平衡计分卡的描述正确的是（　　）。

A. 为企业战略管理提供强有力的支持

B. 提高企业整体管理效率

C. 增加企业信息负担

D. 扩大员工的参与意识

E. 减少员工的参与度

24. 平衡计分卡的企业内部经营过程包括（　　）等方面。

A. 创新　　B. 经营　　C. 售后服务　　D. 流程

E. 精细化管理

25. 平衡计分卡的客户方面评估指标主要包括（　　）等。

A. 客户获取度　　B. 客户满意度　　C. 客户保持度　　D. 市场份额

E. 业务增长率

【技能部分】

案例 1

案例背景

永康实业发展公司是一家大型电子产品制造企业，公司主要产品是磁性材料和集成电路板，分别占公司销售额的 60%和 40%。

今年，公司决定加大绩效管理工作的力度，在各部门一级考核的基础上，加强部门二级考核工作。具体措施为：（1）各部门经理实行年薪制，实行年度考核；（2）部门员工实行岗位绩效工资制，实行月度、季度、年度考核，一线工人有季度奖金，销售人员有年终业绩提成奖金；（3）各部门经理都签订目标责任书，人力资源部将各个部门的年度目标分解到各季度，同时组织各部门制定员工的月度绩效目标以及考核标准。人力资源部还统一制作了绩效实施沟通表格，要求各部门保存好对每个员工的绩效沟通记录，人力资源部不定时进行检查。

第一个季度结束后，考核结果显示，部门内部员工的考核分数基本一致，员工的绩效工资拉不开差距，并且个别部门的绩效考核表单迟迟交不上来。另外，人力资源部了解到很多部门经理没有对员工进行有效的绩效沟通，不少员工反映对自己的绩效要求不清楚。而部门经理反映现在的绩效考核需要很多数据，填很多表，平时工作挺忙的，绩效管理的要求也搞不清楚，差不多就行了。

第二个季度开始后，磁性材料销售部反映今年的绩效目标定得太高。原先公司判断磁性材料市场增长平稳、价格变动不大，集成电路市场复苏、价格上涨，因此决定磁性材料的销售考核目标在去年基础上增加10%，而集成电路板的销售考核目标为增长20%。现实情况是集成电路板的市场需求增长幅度超出预期，同时价格也大幅上涨，公司决定将相关资源和原材料大量投入集成电路板的生产和销售。但问题是磁性材料和集成电路板都要用到的一种原材料库存不足，市场供应也不足。因此，公司决定全力保证集成电路板的生产。磁性材料由于原材料匮乏，产量没跟上，导致有些原来订货的客户撤销了订单，磁性材料销售部业绩很难达标。

案例思考

1. 该公司在绩效管理实施中存在什么问题？
2. 如果你是人力资源部经理，你会如何开展该公司的绩效目标修订工作？

案例2

案例背景

三诺公司为了更好地激励和评价员工，人力资源部建立起一套绩效管理制度，从“德、能、勤、绩”进行考评，考评程序和方法都进行了明确，并且细化了各项指标。考评时通过360度的方式，根据员工的实际行为，对照考评指标，即可得出考评最终结果，并直接与薪酬挂钩。

这套方法实施一年后，发现了一些问题。整个绩效考评过程由于实施360度评价，周期长，费时费力。最终的考评结果是一些大家认为工作比较出色和积极的员工，绩效考评成绩却被排在后面，而一些工作业绩平平的员工却被排在前面。另外，一些部门主管对绩效考评结果排名次的方式有抵触。

设备部经理说：“绩效考评方案需要调整，考评指标多达十几个，却不能真实反映我们的实际工作业绩。我们负责公司所有设备的维护，责任重大，任何一次工作失误，都会给公司带来损失，但是指标上却无法体现这一点。”

行政部经理说：“我们部门的工作琐碎繁杂，主要任务就是严格执行总经理办公室的指令，指标中的创新能力对我们没有实际意义，我们怎么打分？”

销售部经理抱怨说：“考评使用部门互评的方式不合理。我们为了公司业绩免不了要满足客户的一些特殊需求，这样往往会得罪人。而且公司内部的有些部门对我们不了解，还常说我们又自由，薪酬又高，对我们有诸多不满，让这些部门给我们打分，怎么保证公平公正？”

年度绩效考评结果排名靠后的员工中有一些是平时积极努力的员工，按照绩效管理制度，这些员工需要降薪。

出现这样的问题，人力资源部感到十分棘手。

案例思考

1. 该公司的绩效管理方案主要存在哪些问题？

2. 该公司应如何优化绩效管理方案？

案例3

案例背景

某商业银行成立于1997年，设有10家支行和19个网点，总部设有7个部门，职工人数460多人。商业银行成立后，肩负着支持当地经济、促进社会发展的重任，同时面临着与众多银行激烈竞争的严峻形势。作为新兴的地方性股份制商业银行，该商业银行机制比较灵活、服务态度较好，但总体规模较小、资产质量欠佳、员工素质参差不齐、管理手段相对落后。

随着竞争的加剧，为了迅速扩大规模、提高经营业绩，该商业银行高层领导者决定从加强绩效管理入手，制定了一整套绩效考核和激励措施。

人力资源部由于缺乏经验，在一份国有银行绩效管理制度体系的基础上进行了一些简单修订后，制定了对管理人员和一线业务人员相应的考核指标和考核管理办法。由银行高层领导和相关部门领导组成绩效考核小组，开展绩效考核工作。各部门负责人牵头组织本部门绩效考核，相关部门相互协作。

人力资源部在经过高层领导同意后，将绩效管理相关的制度、文档和表单下发到各个部门。年中绩效考核时，人力资源部要求各部门进行相应的评价，并由人力资源部回收统计数据。在执行和操作过程中出现的问题，受人手和精力限制，基本上是采取被动等待的方式解答问题，导致很多部门和员工意见较大。全行上下投入了大量时间和精力进行平时和年终绩效考核工作，但是实施结果却并不尽如人意。

高层管理者觉得最终的考核结果没有很好地区分员工业绩的优劣，不能为激励员工和促进员工职业发展提供很好的支持和依据；中层管理人员（尤其是职能部门）在对员工进行考核时总感觉评价标准主观性强，以定性为主，真正评分时依据不充分，不容易操作，员工的绩效分数都处在平均成绩上下，差距不大；员工觉得考核结果不能真实全面反映个人工作业绩，不够公平，有些在岗位上兢兢业业、对业务发展有贡献的员工，绩效考核结果和那些表现平平的人也差不多，直接影响优秀员工的工作态度和情绪。

案例思考

1. 该商业银行的绩效管理效果不佳的原因有哪些？
2. 如果你是人力资源部经理，你会如何改进绩效管理？

案例4

案例背景

捷宏汽车贸易公司成立于2002年，公司的主营业务涵盖汽车整车进出口、汽车零部件进出口等。经过多年的发展，公司在市场上已颇具知名度。由于公司发展快速，人才管理一直未跟上业务发展的步伐。

今年，公司为了更好地实现战略发展目标，聘请了有跨国公司工作经历的张素英担任人力资源部经理，以提升人力资源管理专业水平，尤其是绩效管理的效果。张素英通过深入调查，了解到绩效管理中的一些状况。

1. 目前，除销售人员的绩效围绕销售额、利润率、应收账款等量化指标开展考核外，其他职能部门岗位人员的考核以定性指标为主，完全依靠上级主管的个人主观印象打分。

2. 在日常工作中，部门经理很少主动与员工沟通工作进展或情况，只有到了某项工作或任务应该完成的时间点，才会匆匆忙忙地把员工叫进自己的办公室来了解情况。经常由于资源配置不合理等原因而导致员工工作拖延。

3. 绩效考核完成后，部门经理将绩效考核分数告知被考核人，双方签字确认后，便将考核表整理递交至人力资源部，员工对自己在绩效考核中的问题一知半解，也不知道如何改进存在的问题。

4. 每年人力资源部按照各部门上报的绩效考核成绩进行排序，部门排名前5%的员工工资增加8%，排名最后5%的员工工资保持不变，其余员工工资上调4%。

案例思考

1. 该公司在绩效管理中存在哪些问题？
2. 该公司应如何改进绩效管理的效果？

四、参考答案

【理论知识部分】

（一）判断题

1.√　2.√　3.×　4.√　5.×　6.√　7.×　8.√　9.×　10.×　11.√　12.×

13. × 14. √ 15. × 16. √ 17. √ 18. √ 19. √ 20. × 21. √ 22. √ 23. √
24. √ 25. √ 26. √ 27. × 28. √ 29. √ 30. × 31. × 32. × 33. √ 34. √
35. × 36. √ 37. √ 38. √ 39. × 40. × 41. × 42. × 43. × 44. × 45. ×
46. √ 47. √ 48. √ 49. √ 50. √

（二）单项选择题

1. C 2. D 3. A 4. D 5. C 6. D 7. C 8. B 9. D 10. B 11. C 12. A 13. C
14. A 15. C 16. B 17. C 18. B 19. D 20. A 21. B 22. C 23. C 24. C 25. C

（三）多项选择题

1. ABCD 2. ABC 3. ABC 4. ABCDE 5. BD 6. AB 7. ABC 8. ABD 9. BC
10. ABC 11. ABD 12. ABC 13. ABCD 14. AB 15. ABCD 16. ABCD 17. ABCD
18. ABCD 19. ABCD 20. ABCD 21. ABCD 22. ABCD 23. ABD 24. ABC
25. ABCD

【技能部分】

案例1

答题思路

1. 绩效管理实施中存在的问题

（1）公司的绩效管理与业务部门的沟通不够充分，管理者和员工对绩效管理的认知不充分，部门经理等岗位绩效考核周期不够合理。

（2）欠缺基于市场环境变化情况的绩效目标调整机制，未能及时结合组织业务重点变化进行绩效目标的调整。

（3）对部门经理和员工缺乏必要的绩效考核培训，下发表格多，提出措施少，任务观念重。

（4）绩效管理过程的评估和反馈不够。

2. 修订绩效目标的做法

（1）与高层管理人员和业务部门及时沟通，根据实际情况进行绩效目标调整。

（2）结合企业外部市场环境变化、公司战略发展目标和经营决策的调整，确定绩效目标需要修订的内容。

（3）绩效目标的内容调整后，如果这些内容涉及其他部门，需要同时进行相关部门的绩效目标修订沟通和调整。

（4）公司内部通过绩效目标修订原则进行确认，告知相关绩效考核对象并实施。

案例2

答题思路

1. 绩效管理方案存在的问题

（1）绩效管理方案制定过程中缺乏部门与员工的参与，导致实施过程中方案不被认同。

(2) 没有从岗位工作的特点出发设立绩效考评指标，各类岗位工作绩效的指标过多，强调行为而忽视工作成果，导致考评指标和标准缺乏可操作性。

(3) 绩效考评采取 360 度评价的方式，使考评工作过于烦琐，无形中增加了考评人员的工作量。

(4) 绩效考评主体选择不够合理，考评主体由于与被考评对象没有直接的工作关系，导致打分具有主观性。

2. 绩效管理方案的优化思路

(1) 根据公司战略要求，完善年度绩效考评计划。在明确考评目标的前提下，对绩效考评的对象、内容、方式、方法、时间、步骤等做出明确规定。

(2) 建立沟通机制，召开不同层级主管的情况说明会，通过深入交换意见，取得员工的理解，秉持公开公平公正的原则，调整措施，在取得共识的基础上实行。

(3) 进行工作分析和岗位评估，按照岗位类别提取各类岗位关键绩效考评指标，运用 SMART 原则，采用定性与定量相结合的方法，确定出各类考评指标的分级标准。

(4) 做好绩效管理培训工作，对考评者进行必要的培训辅导，使他们掌握绩效考评的基本技术和技巧。

案例 3

答题思路

1. 绩效管理效果不佳的原因

(1) 高层领导者对绩效管理缺乏有效认知，把绩效管理等同于绩效考核，未有效监督和协调实施中遇到的问题。

(2) 绩效管理的主体不明确，人力资源部没有很好地执行自己的专家角色，在实施过程中未发挥作用。直线经理未担当好直接负责人的角色，绩效沟通、绩效评估等有待提高。

(3) 绩效管理制度建立不合理，没有针对自己银行的特点进行绩效指标的设计，针对性不足，量化指标少，可操作性较差。

(4) 绩效管理培训缺失，没有针对管理者和员工进行绩效管理培训。

2. 改进绩效管理的思路

(1) 结合银行发展战略，制定具有符合自己银行管理需求的绩效管理制度体系。

(2) 明确绩效考核的主体。公司高层管理者、人力资源部、直线经理和员工各负其责，充分发挥各自作用。

(3) 加强绩效考核指标的设定，并注意收集、观察和记录各类数据信息，并进行持续不断的绩效沟通。

(4) 完善绩效管理培训机制，加强部门经理和员工的培训，做好绩效管理宣传和动员，降低绩效管理中常见错误的发生率，增加员工参与度和认可度，提高绩效考核的有效性。

案例4

答题思路

1. 绩效管理存在的问题

（1）绩效管理组织不到位，部门经理缺乏绩效管理的意识和方法。

（2）绩效考核指标体系不科学，量化不足。除销售人员之外，其他人员的考核指标不够量化，容易产生首因效应、近因效应等，造成绩效考核结果的不公正。

（3）缺乏有效的绩效过程跟踪与辅导，管理者未及时为员工提供有效的资源支持。

（4）绩效考核反馈不充分，被考核者并不十分清楚自己的不足和需要改善的地方。

（5）绩效考核结果应用不全面，仅与薪酬调整挂钩，没有发挥激励员工的作用。

2. 改进绩效管理效果的思路

（1）重视并加强绩效管理培训，指导部门经理提升绩效管理的意识与方法。

（2）在公司总体发展战略目标的基础上，基于 SMART 原则进行绩效考核指标分解。

（3）加强对员工日常绩效管理工作的辅导，在员工碰到困难或需要帮助时及时提供必要的支持。

（4）加强绩效反馈面谈，使绩效考核发挥改善员工绩效的作用。

（5）做好绩效结果的运用，在结合薪酬调整的基础上，与人才培养、职位晋升、员工职业生涯发展等挂钩，充分发挥激励员工的作用。

5

第五单元

薪酬福利管理

一、学习要求

通过本单元的学习，学员应了解薪酬体系设计的原则、策略和流程，重点掌握三种薪酬体系的特点和主要形式，掌握三种员工福利方案的主要内容和形式。

二、职业鉴定考核要点

【理论知识部分】

鉴定范围	鉴定点	知识点	重要系数
薪酬体系设计	薪酬体系设计概述	薪酬体系设计的原则	9
		薪酬策略的确定	
		薪酬体系设计的流程	
		薪酬体系设计的模式	
		薪酬制度建设	
	基于岗位的薪酬体系设计	岗位技能工资制	9
		岗位薪点工资制	
		结构工资制	
		谈判工资制	
	基于胜任特征的薪酬体系设计	基于胜任特征的薪酬体系的产生	9
		基于胜任特征的薪酬体系的设计方法	
		基于胜任特征的薪酬体系的优点及注意事项	
	基于绩效的薪酬体系设计	绩效薪酬的含义	9
		绩效薪酬的形式	
		基于绩效的薪酬设计思路	
员工福利方案设计	员工弹性福利方案设计	员工弹性福利的概念	9
		员工弹性福利的理论基础	
	企业年金方案设计	企业年金的概念	5
		企业年金的作用和特点	
		企业年金的主要分类	
		企业年金的实施	
	补充医疗保险方案设计	补充医疗保险的概念	5
		补充医疗保险方案的设计思路	

【技能部分】

序号	鉴定内容	重要系数
1	制定企业薪酬管理制度	9
2	企业薪酬体系的设计	5
3	运用岗位评价方法设计薪酬等级	5
4	分析、处理薪酬调查数据，制定薪酬调整方案	9
5	制定、实施、调整企业福利制度	9

三、练习题

【理论知识部分】

（一）判断题（下列判断正确的请打“√”，错误的请打“×”）

1. 内部公平和外部公平是薪酬管理的重要原则。（　）

2. 组织在做出奖惩决定时，要做到程序一致、标准明确、公开透明，这是薪酬管理公平原则中的机会公平要求。（　）

3. 薪酬管理的分配公平是指内部公平、外部公平和自我公平。（　）

4. 效率原则是薪酬体系设计的基本原则之一。（　）

5. 激励原则是薪酬体系设计的基本原则之一。（　）

6. 企业不应该采用一致的薪酬福利策略来覆盖所有岗位和年龄段的员工。（　）

7. 弹性薪酬模式、稳定薪酬模式是重要的薪酬结构策略。（　）

8. 领先、滞后和灵活策略是主要的薪酬水平策略。（　）

9. 在确定企业薪酬策略的过程中，需要逐一确定多项重要因素，包括合理控制人工成本。（　）

10. 明确企业人力资源战略是薪酬体系设计的第一步。（　）

11. 在薪酬设计过程中，需要考虑绩效管理与薪酬方面的结合。（　）

12. 薪酬体系设计模式主要包括岗位工资制、技能工资制、绩效工资制、职务工资制等。（　）

13. 专家咨询模式适用于规模较大的企业。（　）

14. 企业领导拍板模式和民主协商模式都是基于参与主体和决定机制的薪酬体系设计模式。（　）

15. 个案谈判这种薪酬模式适用于所有岗位的薪酬设计。（　）

16. 岗位工资制比较适用于职能管理类岗位。（　）

17. 市场工资制不适用于核心骨干员工。（　）

18. 绩效工资制属于基于不同关注点的薪酬体系设计模式。（　）

19. 薪酬制度是以规则和规章的形式表现的组织的薪酬决策、薪酬分配标准和管理方式。（ ）

20. 合理的薪酬制度要实现的主要目的包括确保组织内部的公平合理、吸引和保留人才、激励员工等。（ ）

21. 薪酬制度的制定要遵循的原则包括公平性原则、竞争性原则、合法性原则、员工激励原则等。（ ）

22. 岗位技能工资通常是由技能工资、行业特殊工资和辅助工资组成。（ ）

23. 岗位技能工资制可广泛应用于各类企业。（ ）

24. 参照行业指导工资线是岗位技能工资制中确定不同岗位的工资标准的常用方法。（ ）

25. 岗位薪点工资制使工资分配直接与企业效益和员工个人的劳动成果挂钩，体现了效率优先的原则，符合市场取向。（ ）

26. 与岗位薪点工资制相比，岗位技能工资制做到工资向一线关键岗位、科技管理岗位、技术岗位倾斜。（ ）

27. 岗位薪点工资制以所需技能、工作责任、劳动强度、工作条件为岗位测评的计量基础。（ ）

28. 结构工资制的构成一般包括五个部分，即岗位工资、基本工资、绩效工资、工龄工资和学历工资。（ ）

29. 结构工资制中的基本工资由现行国家工资制度中的工龄工资、标准津贴和全国统一规定的各种补贴组成。（ ）

30. 企业通常将结构工资简化为岗位工资、绩效工资和基本工资，其中岗位工资占比最大。（ ）

31. 结构工资制中的岗位工资一般不超过工资总额的60%。（ ）

32. 谈判工资制是一种灵活反映企业经营状况和劳动力市场供求状况的工资决定方式。（ ）

33. 支付能力与比较标准原则是确定谈判工资水平的基本原则之一。（ ）

34. 对企业而言，胜任特征越是稀缺、越是难以获得，其价值越高。（ ）

35. 胜任特征薪酬的工作分析是确定完成特定任务所需的能力，而不是确定岗位职责。（ ）

36. 以胜任特征为基础的薪酬体系一般包括工资、奖金和福利三部分。（ ）

37. 企业人才战略中，知识和技能是基于胜任特征薪酬体系的决定要素。（ ）

38. 绩效加薪的三大关键要素是加薪结构、加薪时间和加薪方式。（ ）

39. 绩效调薪有奖有罚，绩效奖金只奖不罚，这是不正确的。（ ）

40. 企业的支付能力和市场薪酬水平是企业在决定绩效加薪幅度时的考虑因素。（ ）

41. 绩效薪酬项目中，可变薪资属于永久性绩效薪酬项目。 (　　)

42. 绩效工资要以基本薪酬为基础，这是不正确的。 (　　)

43. 人力资本理论、绩效工资理论是绩效薪酬的主要理论。 (　　)

44. 福利是员工薪酬的一种补充，通常采用延期、非货币形式支付，其内容包括法定福利和非固定福利。 (　　)

45. 传统福利的缺点包括内容单一、操作不灵活。 (　　)

46. 企业选择弹性福利的主要原因包括控制激增的成本、符合员工的需求、增进员工的士气和忠诚度、吸引和保留员工等。 (　　)

47. 附加型弹性福利是企业在现有的福利计划之外，向员工提供其他不同的福利措施或扩大原有福利项目的范围，让员工去选择。 (　　)

48. 企业年金有不同的定义，但是不论哪种定义，都具有定期支付性与保障性两个特性。 (　　)

49. 当采用确定收益型年金时，员工需要承担因企业倒闭而失去企业年金或者通货膨胀而降低退休津贴的风险。 (　　)

50. 第三方管理型企业补充医疗保险是指企业委托保险公司作为第三方管理者，对企业医疗保障方案提供理赔管理、技术支持等一系列服务项目。 (　　)

(二) 单项选择题（下列每题的选项中，只有1个是正确的，请将其代号填在括号内）

1. 薪酬管理的分配公平是指内部公平、自我公平和（　　）。

A. 外部公平　　B. 机会公平　　C. 程序公平　　D. 制度公平

2. 在确定企业薪酬策略的过程中，需要逐一确定多项重要因素，（　　）不属于需要确定的重要因素。

A. 薪酬设计要达到的目的

B. 当前薪酬体系存在的突出问题

C. 需要重点激励的人员范围

D. 员工期望的收入水平

3. 薪酬制度的制定要遵循的原则包括有效性原则、（　　）、合法性原则、员工激励原则等。

A. 公平性原则　　B. 合理性原则　　C. 竞争性原则　　D. 经济性原则

4. 在进行岗位技能测评时，测评小组构成中（　　）的数量最大。

A. 企业分管领导　　B. 中层管理人员

C. 员工代表　　D. 外部专家

5. 在进行岗位测评时，岗位技能工资制以劳动技能、劳动责任、（　　）、劳动条件四大基本劳动要素为评价和计量基础。

A. 劳动数量　　B. 劳动质量　　C. 劳动强度　　D. 劳动时间

6. 岗位技能工资制中确定不同岗位工资标准的常用方法不包括（　　）。

A. 参照劳动力市场价格　　B. 利润成本法
C. 参照行业指导工资线　　D. 竞争对手比对法

7. （　　）不是结构工资制的构成部分。

A. 基本工资　B. 绩效工资　C. 工龄工资　D. 技能工资

8. 结构工资构成中，（　　）所占比例最大。

A. 基本工资　B. 岗位工资　C. 绩效工资　D. 职务工资

9. 谈判工资制的确定原则包括政府工资指导线原则、劳动力市场工资指导价位原则、劳动生产率标准原则、理论标准原则、支付能力与比较标准原则、（　　）等。

A. “两个低于”原则　　B. 竞争力原则
C. 公平原则　　D. 公开原则

10. 岗位薪点工资制中，用金额而不是薪点数表示的构成部分包括基本生活费、积累贡献、（　　）等。

A. 津贴　B. 岗位工资　C. 职位工资　D. 奖金

11. 结构工资制的设计步骤包括确立各工资单元的内部结构框架，测算、检查并对结构工资方案做出调整，以及（　　）等。

A. 制订实施计划　　B. 设计结构工资制基本模式
C. 开展内部调研　　D. 建立工作小组

12. 谈判工资制是一种灵活反映企业经营状况和劳动力市场供求状况，通过企业与（　　）之间的谈判决定员工工资的一种工资决定方式。

A. 员工　B. 职工代表　C. 工会主席　D. 部门经理

13. 在基于胜任特征的薪酬体系下，组织考核的重点是员工的素质、知识和技能水平，以及特定知识和技能对于组织的价值。在员工个体的知识和技能不变的情况下，岗位变迁对其本人薪酬水平（　　）。

A. 没有影响　　B. 产生次要影响
C. 产生很大影响　　D. 产生不确定的影响

14. 胜任特征薪酬体系是以知识、技能和经验为基础的薪酬体系，对企业而言，一项胜任特征越是稀缺、越是难以获得，其价值（　　）。

A. 一定越高　　B. 要看是否对组织有用
C. 要看市场供求情况　　D. 要看能否产生效益

15. 在设计基于胜任特征的薪酬体系时，关于薪酬等级设计的描述不正确的是（　　）。

A. 能力跨度越大薪酬区间越大
B. 能力跨度越大薪酬区间越小
C. 同一等级人数越多薪酬区间越大
D. 企业文化决定各等级之间的浮动比例

16. 确定胜任特征价值和设计胜任特征薪酬的基础工作是（　　）。

A. 薪酬调研　　B. 工作分析

C. 薪酬体系设计　　D. 确定薪酬结构

17. 在设计基于胜任特征的薪酬结构时，需要根据能力等级划分薪酬等级，其中在考虑每一等级对应的薪酬区间时，需要考虑（　　）因素。

A. 能力跨度　　B. 晋升通道　　C. 岗位责任　　D. 工作强度

18. A公司采用标准工时工资制，规定安装一台机器的标准工时是4小时，标准工资率是10元/小时，一个工人用了5小时完成工作，那么他能得到（　　）元工资。

A. 30　　B. 40　　C. 50　　D. 60

19. 绩效加薪的三大关键要素是加薪幅度、加薪时间和（　　）。

A. 加薪方式　　B. 加薪种类　　C. 加薪评估　　D. 加薪结构

20. 关于绩效加薪和绩效奖金的描述，（　　）是不正确的。

A. 绩效调薪是对第二年基本薪酬的调整

B. 绩效奖金的幅度一般大于绩效调薪

C. 绩效调薪有奖有罚，绩效奖金只奖不罚

D. 绩效奖金的幅度一般小于绩效调薪

21. 下面关于绩效薪酬的表述不正确的是（　　）。

A. 针对不同岗位类别设计不同的绩效工资

B. 考核内容和方式影响绩效工资的有效性

C. 绩效工资要以基本薪酬为基础

D. 绩效工资要以绩效为基础

22. 研究表明，企业选择弹性福利的主要原因包括控制激增的成本、提升员工的士气和忠诚度、（　　）等。

A. 吸引和保留员工　　B. 竞争对手的压力

C. 合理避税　　D. 企业效益提升

23. 个人的行为是基于自我中心且利己的，付出行为的一方如果不能期望从付出报酬的一方获得满意的结果和利益，则不会付诸努力，这是（　　）的主要思想。

A. 期望理论　　B. 交换理论

C. 激励理论　　D. 人力资源成本理论

24. 弹性福利计划应与员工的能力、对企业的贡献大小联系起来，让能力强、贡献大的员工享有更多的福利，这是弹性福利（　　）的体现。

A. 灵活性原则　　B. 激励性原则　　C. 恰当性原则　　D. 普惠性原则

25. 弹性福利制度的理论基础包括马斯洛需要层次理论、双因素激励理论和（　　）等。

A. 交换理论　　B. 社会比较理论

C. 人力资本理论　　　　　　　　　　D. 公平理论

(三) 多项选择题（下列每题的选项中，至少有 2 个是正确的，请将其代号填在括号内）

1. 薪酬体系设计的原则包括（　　）。

A. 效率原则　　B. 公平原则　　C. 合法原则　　D. 及时原则

E. 竞争原则

2. 薪酬管理的分配公平包括三方面内容，分别是（　　）。

A. 外部公平　　B. 机会公平　　C. 自我公平　　D. 内部公平

E. 管理公平

3. 员工会将其对工作的投入与所得的报酬进行主观比较，来判断所在组织薪酬分配的公平性，比较的标的包括（　　）。

A. 与过去工作比较　　　　　　　　B. 与同事比较

C. 与同行比较　　　　　　　　　　D. 与期望值比较

E. 与现在工作比较

4. 薪酬结构策略包括（　　）等。

A. 弹性薪酬策略　　　　　　　　　B. 稳定薪酬策略

C. 动态薪酬策略　　　　　　　　　D. 折中薪酬策略

E. 多样性薪酬策略

5. 薪酬水平策略包括（　　）等。

A. 领先策略　　B. 滞后策略　　C. 跟随策略　　D. 灵活策略

E. 差异化策略

6. 薪酬体系设计的模式分别是（　　）。

A. 基于参与主体和决定机制的模式　　B. 基于不同关注点的模式

C. 基于企业发展阶段的模式　　　　　D. 基于竞争对手的模式

E. 基于行业水平的模式

7. 基于参与主体和决定机制的薪酬体系设计模式包括（　　）。

A. 企业领导拍板模式　　　　　　　B. 民主协商模式

C. 专家咨询模式　　　　　　　　　D. 个案谈判模式

E. 集体工资谈判模式

8. 技能工资制的缺点主要包括（　　）。

A. 评估能力/技能比较困难

B. 人工成本控制困难

C. 高能力不一定给企业带来高价值

D. 员工之间的竞争加剧

E. 低技能工作没人愿意做

9. （　　）不属于基于参与主体和决定机制的薪酬体系设计模式。

A. 个案谈判模式　　B. 市场调研模式
C. 企业领导拍板模式　　D. 行业标杆模式
E. 绩效工资模式

10. 薪酬制度的制定要遵循的原则包括（　　）。

A. 公平性原则　　B. 合法性原则
C. 员工激励性原则　　D. 有效性原则
E. 奖惩性原则

11. 岗位技能工资的构成包括（　　）。

A. 薪点工资　　B. 特殊行业工资
C. 辅助工资　　D. 基本工资
E. 计时工资

12. 在进行岗位技能测评时，测评小组应由（　　）构成。

A. 企业分管领导　　B. 中层管理人员
C. 员工代表　　D. 外部专家
E. 工会代表

13. （　　）是岗位测评的要素。

A. 劳动责任　　B. 劳动技能　　C. 劳动条件　　D. 劳动强度
E. 劳动级别

14. （　　）是影响岗位薪点工资制的工资率的主要因素。

A. 企业所在行业的特征　　B. 企业所在地区的生活水平
C. 企业自身的经营状况　　D. 企业财务支付能力
E. 企业发展阶段

15. 结构工资制的构成一般包括岗位工资和（　　）等。

A. 基本工资　　B. 绩效工资　　C. 工龄工资　　D. 学历工资
E. 计件工资

16. 结构工资制中的基本工资由现行国家工资制度中的（　　）构成。

A. 标准津贴　　B. 全国统一规定的各种补贴
C. 职务工资　　D. 绩效工资
E. 岗位工资

17. 结构工资制的设计需要确立各工资单元的内部结构框架，测算、检查并对结构工资方案做出调整，以及（　　）等步骤。

A. 健全企业的人力资源基础工作　　B. 开展内部调研
C. 建立工作小组　　D. 设计结构工资制基本模式
E. 进行效果评估

18. 谈判工资制受国家法律的保护和约束，遵守“两个低于”的原则，即（　　）。

A. 平均工资增长幅度低于劳动生产率增长幅度

B. 工资总额增长幅度低于利润增长幅度

C. 工资总额增长幅度低于劳动生产率增长幅度

D. 平均工资增长幅度低于利润增长幅度

E. 劳动生产率增长低于平均工资增长率

19.（　　）属于基于岗位的工资制度。

A. 结构工资制　B. 谈判工资制　C. 计件工资制　D. 薪点制

E. 计时工资制

20. 谈判工资制的确定原则包括劳动力市场工资指导价位原则、劳动生产率标准原则、支付能力与比较标准原则、（　　）等。

A. 理论标准原则　B. 竞争力原则

C. 政府工资指导线原则　D. “两个低于”原则

E. “两个高于”原则

21. 与弹性福利相比，传统福利的缺点包括（　　）。

A. 内容单一　B. 操作不灵活　C. 操作不透明　D. 较少激励作用

E. 内容多样

22. 根据研究表明，企业选择弹性福利的主要原因包括控制激增的成本、符合员工的需求、（　　）等。

A. 提升员工士气　B. 增强员工忠诚度

C. 吸引和保留员工　D. 匹配竞争对手福利水平

E. 合理避税

23. 弹性福利制度的主要模式包括（　　）。

A. 弹性支用账户式福利制度　B. 自助式福利

C. 附加型弹性福利　D. 核心加选择型福利

E. 多选模式

24. 合理高效的弹性福利方案需要兼顾（　　）等。

A. 战略导向性原则　B. 激励性原则

C. 合法性原则　D. 灵活性原则

E. 成本最低性原则

25. 在（　　）情况下，员工可以提取账户内的企业年金。

A. 职工达到国家规定的退休年龄标准退休

B. 职工未达到国家规定的退休年龄买断工龄

C. 职工出国定居

D. 职工户籍迁出缴纳地城市

E. 职工提出申请

【技能部分】

案例1

案例背景

奇强公司是成立于2006年的机械设备制造企业，从10多年前50多人的公司，发展到目前拥有800多名员工的国内同行业具有竞争力的知名企业。

从公司成立至今，公司的薪酬制度也经过了几轮变化。为了留住核心人才和引进高技能人才，公司总经理要求人力资源部进行薪酬改革，在工资总额不变的情况下调整公司的薪酬体系。

人力资源部将原来公司根据员工的技能水平和工作目标完成情况确定的基本工资和奖金的薪酬结构，调整为由基本工资和浮动工资构成的薪酬结构，其中浮动工资占30%。每月，部门经理对员工进行考核，根据考核结果确定浮动工资的档次。各部门浮动工资额度由公司确定，绩效优秀的员工可以拿到超额的浮动工资，而绩效差的员工的浮动工资会被部分扣除。

浮动工资制促进了部门的管理工作，因此部门经理积极配合人力资源部，认真地对员工进行考核。但随着时间的推移，新的矛盾又产生了。浮动工资被扣除的员工认为公司的薪酬制度不合理，他们的浮动工资被其他员工拿走了。而拿到超额浮动工资的员工，心里也不自在，因为它们浮动工资超额的部分，是部门其他员工浮动工资被扣除的部分。部门经理也明显感受到了压力和无奈，有人增加就有人被扣，总量不变。如果严格考核，被扣除浮动工资的员工意见很大，没有工作积极性；如果放松考核，优秀员工得不到激励，也会心生不满。

迫于各种压力，部门经理开始放松考核，员工的绩效考核结果差距越来越小，员工的浮动工资只是略有增减。时间一长，提意见的员工少了，但公司业绩出现了下滑，甚至出现了一些优秀员工的离职。在离职沟通中，这些员工明确指出，现有的薪酬体系对他们不尊重，他们在市场上的价值远超现在公司能够给予的薪酬水平。

案例思考

1. 奇强公司的薪酬管理体系存在哪些问题？

2. 如果你是人力资源部经理，你会如何改进该公司的薪酬管理体系？

案例2

案例背景

凌云电子设备公司创业初期业务发展非常迅速，不但公司的业务量翻番，营业规模增长，员工的薪酬待遇也逐步提高。短短几年，公司的薪酬水平已经处于行业领先水平。

在今年年终奖发放后，却集中出现了一些核心部门主管和骨干员工辞职的现象。总经理非常困惑，公司的薪酬福利水平已经很高了，企业也正处于上升阶段，员工的离职率应该很低。

为此，总经理要求人力资源部进行深入了解。经过一段时间的调查发现，员工的工作积极性低，不但普通员工之间出现这种现象，中层领导中也会相互推诿。

一些部门内时常出现两个员工相互争执，双方都认为某项工作是对方应该完成的。实际上，这项工作一直由其中一名员工来完成，但该员工认为这项工作不是自己工作职责范围内的事。该员工觉得自己为了工作，经常加班加点，但却没有得到应该享受到的更好待遇。因此，该员工认为这项工作应该由工作量不饱和的另一位员工来完成。

同时，一些核心部门的领导认为，他们的薪酬与一些工作量相对较小的部门领导薪酬待遇几乎没有差别。核心部门管理人员工作强度大，工作时间长，承担的项目多，风险大，压力也大。业务二线部门的员工也有同样的感受，他们虽然在公司内分工不同，但每日的工作量很大，经常加班，却没有在薪酬上得到体现。

目前，公司的工资水平虽然总体较高，但这只是平均水平。由于总经理希望拉开差距，体现对管理人员的重视，因此公司的各层管理者的工资远远高于基层员工的工资。员工的工资基本上按照工作年限发放，有些工作能力强、承担工作多的员工与其他人的工资并无差别。

案例思考

1. 该公司在薪酬管理中存在哪些问题?

2. 该公司应如何解决薪酬管理中的问题?

案例 3

案例背景

蓝波公司是某集团公司下属的子公司，主要从事高科技电子产品的研发与生产。蓝波公司由集团原来的两个子公司合并而成，员工主要来自这两个子公司，同时为了发展的需要公司还从人才市场招聘了一部分员工。

由于蓝波公司产品研发人员能力较强，生产的产品处于国内领先水平，集团公司非常重视蓝波公司的发展。在蓝波公司成立之初，蓝波公司总经理向员工许诺，公司赢利后将逐步提高员工的薪酬待遇。蓝波公司员工的积极性因此高涨，在较短的时间内完成了多个新产品的研发，并顺利通过评审。产品投放到市场后，蓝波公司逐渐开始赢利。

在薪酬管理方面，来自原子公司员工的工资依然按照各自原公司的薪酬标准发放（两个原子公司的薪酬标准差别较大）。而从外部人才市场招聘来的员工则按市场薪酬标准发放，即所谓的“老人老办法，新人新办法”。新入职员工的薪酬标准与市场接轨，比原公司员工薪酬要高出许多。蓝波公司的薪酬均以月固定工资的形式发放。为了避免员工内部的矛盾，公司实行薪酬保密制度。尽管公司赢利了，但薪酬管理体系却仍然没有变动，公司人力资源部只是按照总经理安排在年末以非公开的形式发放年终奖。

此后，公司里关于薪酬收入的消息在员工中以非正式的方式传播，员工针对薪酬待遇的抱怨声四起，工作积极性开始下降，上班迟到、早退现象不断增加，生产效率随之大幅下跌。与此同时，竞争对手向市场推出了同类型的竞争性产品已极大地威胁到蓝波公司的市场地位。

案例思考

1. 请分析导致员工对薪酬抱怨的原因。
2. 如果你是人力资源部经理，你会如何进行该公司的薪酬调整？

案例4

案例背景

林顿公司是一家国内大型的制造企业，有4 000多名员工，其中技术人员1 000多人。公司主营光纤、光缆，主要用于基础设施建设，产品的市场占有率非常高。

近几年来，随着公司在市场上的竞争力不断增强，公司出现了效益提高但人才流失增加的现象。竞争对手经常高薪挖人，青年人才跳槽率明显上升。

公司核心技术中心工程师刘智是公司的骨干员工，已经在公司工作了10年，去年被公司授予“年度杰出工程师”的奖项，却在日前提出了离职申请。总经理担心刘智的离开不仅会对公司新产品的研发带来困难，而且会影响一批公司青年技术人员的稳定性，对公司发展产生不利的影响。于是，总经理要求人力资源部经理陈蒙尽可能进行挽留。

陈蒙找刘智单独面谈，刘智表示：“我对于公司一直以来的培养和认可还是非常感激的。我尽心尽力在公司工作多年，但是我的工资和奖金涨幅却很小。公司目前的奖金制度规定，90%的奖金跟所在业务部门挂钩，只有10%跟个人业绩挂钩，我觉得很不合理。另外，公司在市场上的竞争优势也随着一些骨干员工的离开渐渐减小，我对未来感到有些迷茫。”

刘智还提到：“之前离开的员工大多去了竞争对手公司，薪酬增长幅度都很大，而且奖金的分配基于个人业绩，这也是吸引我的地方。”

案例思考

1. 该公司薪酬管理存在哪些不足？
2. 该公司应如何改进薪酬管理方案以保留核心员工？

四、参考答案

【理论知识部分】

(一) 判断题

1.√ 2.× 3.√ 4.√ 5.× 6.√ 7.√ 8.× 9.× 10.√ 11.√ 12.×
13.√ 14.√ 15.× 16.√ 17.× 18.√ 19.√ 20.√ 21.× 22.× 23.√
24.√ 25.√ 26.× 27.√ 28.√ 29.× 30.√ 31.× 32.√ 33.√ 34.×

35. √ 36. √ 37. √ 38. × 39. × 40. √ 41. √ 42. × 43. √ 44. √ 45. √
46. √ 47. √ 48. √ 49. √ 50. √

（二）单项选择题

1. A 2. D 3. A 4. C 5. C 6. D 7. D 8. B 9. A 10. A 11. B 12. A 13. A
14. B 15. B 16. B 17. A 18. B 19. A 20. D 21. C 22. A 23. B 24. B 25. A

（三）多项选择题

1. ABC 2. ACD 3. ABC 4. ABD 5. ABC 6. AB 7. ABCD 8. ABC 9. BDE
10. ABCD 11. BCD 12. ABC 13. ABCD 14. ABC 15. ABCD 16. ABC 17. AD
18. AB 19. ABD 20. ACD 21. ABD 22. ABC 23. ABCD 24. ABCD 25. AC

【技能部分】

案例 1

答题思路

1. 薪酬管理体系存在的问题

（1）公司没有把员工的绩效与企业的发展相结合，工资总额不变，优秀员工的超额浮动工资只能来源于绩效差的员工的浮动工资被扣除部分，造成员工之间的矛盾、员工和部门经理之间的矛盾。

（2）缺乏对市场薪酬水平的研究，薪酬管理体系设计简单，缺乏市场竞争力。

（3）部门经理通过平衡绩效评估结果的方式息事宁人，导致优秀员工对公司的贡献无法通过薪酬客观体现，造成了内部的不公平。

2. 薪酬管理体系改进对策

（1）加强内外部的薪酬调查，了解行业和地区的薪酬结构、薪酬水平，以及内部员工的薪酬满意度。

（2）与总经理充分沟通，结合薪酬调研结果，从公司发展战略的角度分析，促使公司把员工薪酬与公司效益相结合，确定具有竞争力的薪酬策略。

（3）加强与员工的沟通和交流，促进员工对薪酬改革和薪酬方案的理解与认同。

（4）设置明确的绩效考核目标，加强与部门管理者的交流，促进客观的绩效考核在薪酬确定时的公平公正作用的发挥，体现高绩效员工的贡献。

案例 2

答题思路

1. 导致员工对薪酬抱怨的原因

（1）薪酬策略不合理。公司过度向管理层倾斜，导致内部不同层级员工工资水平缺乏公平性。

（2）员工薪酬采用平均主义，未体现员工对组织贡献的差异性，薪酬没有与绩效挂钩，干多干少一个样，缺乏激励性。

(3) 市场薪酬调查缺失，只看到整体，没有细化分析具体岗位的市场薪酬水平，导致核心岗位薪酬对外缺乏竞争性。

2. 薪酬管理对策分析

(1) 基于公司发展战略与企业文化建设，进行薪酬策略的调整和优化。

(2) 进行市场薪酬调查，充分了解同行业相关岗位的市场薪酬水平，作为薪酬设计的依据。

(3) 进行工作分析和岗位评估，完善岗位说明书，客观进行各岗位的相对价值评估，体现不同价值的部门和岗位的薪酬水平。

(4) 调整薪酬结构，体现与绩效的关系。薪酬结构设计过程中要体现特点，区分基本工资和绩效工资，以工作绩效为标准，有效体现薪酬对高绩效人员的激励作用。

案例3

答题思路

1. 导致员工对薪酬抱怨的原因

(1) 公司采用“老人老办法，新人新办法”的方式，没有统一的薪酬标准，缺乏公平性。

(2) 薪酬均以月固定工资的形式发放，未与工作绩效挂钩，未体现员工对公司贡献，造成不公平。

(3) 在公司赢利的情况下，采用非公开形式的年终奖发放形式，没有在薪酬中直接体现。

(4) 采用薪酬保密的方式规避问题，使员工对公司失去信任。

2. 薪酬调整建议

(1) 与公司高层进行深入沟通，根据企业发展战略，基于效率、公平和合法的原则确定薪酬策略，明确公司与员工共享利益的导向。

(2) 进行内外部薪酬调查，了解市场薪酬情况，结合实际情况确定薪酬总额控制方案。

(3) 开展工作分析，评估岗位相对价值，进行薪酬结构设计，确定薪酬等级、档次等。

(4) 根据新薪酬体系，将老体系的岗位和等级套入，实现人、岗、档、级归位。

(5) 建立薪酬管理制度与绩效管理相结合的体系，在公司内部公示沟通，最终通过规范程序确认。

案例4

答题思路

1. 薪酬管理存在的不足

（1）缺少科学的薪酬体系，没有明确的薪酬策略，未能形成对部门骨干人员倾斜的薪酬体系。

（2）现有的薪酬水平明显低于外部竞争企业，缺乏竞争性的薪酬，无法有效保留真正有能力的员工。

（3）奖金分配未能体现绩效的差异，个人绩效对奖金的影响权重偏少，无法激励员工。

2. 改进薪酬管理方案的思路

（1）结合公司发展战略确定公司的薪酬策略，建立以能力与绩效为导向的薪酬体系。

（2）进行内外部的薪酬调查，分析核心员工的市场薪酬水平，作为后续薪酬体系构建的基础。

（3）进行工作分析和岗位评估，确定每个岗位的相对价值，有效体现核心岗位的价值。

（4）完善绩效管理机制，合理平衡个人绩效和团队绩效比例，打破“大锅饭”，拉开管理骨干、技术骨干和一般员工的薪酬差距。

（5）进一步健全核心员工的薪酬体系，在有条件的情况下，公司可以对一些技术和管理骨干实行分红、期权、股权等激励措施。

6

第六单元

劳动关系管理

一、学习要求

通过本单元的学习，学员应能够区分劳动争议的种类；掌握劳动争议调解、仲裁与诉讼的方法与原则；掌握员工沟通的方法与渠道，以及员工满意度调查的计划、编制和实施；了解工伤与工伤保险的基本内容；明确工伤保险适用的范围、工伤认定的范围和工伤保险待遇的具体划分标准。

二、职业鉴定考核要点

【理论知识部分】

鉴定范围	鉴定点	知识点	重要系数
劳动争议	劳动争议概述	劳动争议的种类及处理原则	5
		劳动争议的处理体系	
		劳动争议的基层调解	
	劳动争议仲裁	劳动争议仲裁概述	5
		劳动争议仲裁的时效与管辖	
		劳动争议仲裁的程序	
	劳动争议诉讼	劳动争议诉讼概述	5
		劳动争议诉讼的当事人与时效	
		劳动争议诉讼的审理范围及诉讼管辖	
		劳动争议诉讼的程序	
员工沟通与满意度管理	员工沟通	员工沟通概述	9
		员工沟通的方法与渠道	
		员工沟通的注意事项	
	员工满意度调查	员工满意度调查的目的	9
		员工满意度的含义	
		员工满意度的测量技术	
		员工满意度调查问卷的编制、实施与注意事项	
工伤与工伤保险	工伤与工伤保险概述	工伤的概念及基本特征	1
		我国工伤保险制度的建立与发展	
		工伤保险的概念及特征	
		工伤保险的原则	
	工伤保险的适用与工伤认定	工伤保险的适用范围	1
		工伤认定的范围	
		工伤认定的程序	
		工伤致残程度和因工死亡	

续表

鉴定范围	鉴定点	知识点	重要系数
工伤与工伤保险	工伤保险待遇	工伤保险待遇的性质	5
		工伤保险待遇的项目构成	
		工伤医疗期待遇	
		工伤致残待遇	
		因工死亡待遇	
		工伤保险待遇的丧失与责任承担	
		工伤保险待遇的给付申请程序	

【技能部分】

序号	鉴定内容	重要系数
1	代表企业法人参与集体合同的协商和订立	5
2	代表企业法人参与劳动争议的调解和仲裁	1
3	代表企业法人参与工伤认定	1
4	根据国家相关法律，提出人力资源管理制度的修改方案	9
5	提出预防企业并购和改制中产生劳动争议的对策	9
6	分析企业员工沟通的现状，提出改善员工沟通的渠道、制度和方法，确保职业安全卫生	5

三、练习题

【理论知识部分】

(一) 判断题（下列判断正确的请打“√”，错误的请打“×”）

1. 劳动争议也称劳动纠纷，是指劳动者和用人单位在执行相关的劳动法律、法规或签订、履行劳动合同时，因双方对劳动权利与义务存在分歧而产生纠纷的行为。 (　　)

2. 争议双方不存在劳动关系，但存在雇佣和被雇佣的关系，且纠纷涉及劳动报酬给付问题，这属于劳动争议。 (　　)

3. 凡劳动者和用人单位（或其管理者）之间发生的争议，均属于劳动争议。 (　　)

4. 是否属于劳动争议的关键点是纠纷是否与劳动关系有关联。 (　　)

5. 因订立、履行、变更、解除和终止劳动合同发生的争议属于劳动争议。 (　　)

6. 劳动者法制意识增强，维权意识觉醒，勇于与违法损害自己利益的企业做抗争，是劳动争议产生原因中劳动者因素的主要原因。 (　　)

7. 用人单位与劳动者之间的争议本质上是非对抗性的，用人单位与劳动者是利益共

同体。（　　）

8. 个体工匠与帮工、学徒之间的纠纷，以及农村承包经营户与受雇人之间的纠纷不属于劳动争议。（　　）

9. 劳动争议双方当事人可以在调解和仲裁中任选一种方式解决劳动争议。（　　）

10. 劳动争议处理机构在处理劳动争议时必须保证争议双方当事人处于平等的法律地位，这是劳动争议处理的合法原则。（　　）

11. 在调解劳动争议过程中，要注意原则性和灵活性相结合，只要不违反法律、法规、规章，双方当事人又能接受，即可达成协议。（　　）

12. 如果用人单位内部劳动规则的内容不违反国家法律、法规的规定，而且是经过职工代表大会讨论通过且正式公布的，就可作为劳动争议处理机构处理劳动争议的参考依据。（　　）

13. 依据《中华人民共和国劳动法》（以下简称《劳动法》）和《中华人民共和国劳动争议调解仲裁法》（以下简称《劳动争议调解仲裁法》）的规定，我国的劳动争议处理体制是"一调一裁两审"与"一调一裁"两种机制。（　　）

14. 仲裁裁决具有终局效力，劳动者不可再向法院提起诉讼。（　　）

15. 劳动争议调解的原则包括自愿原则和民主说服原则。（　　）

16. 劳动争议基层调解是指劳动争议调解组织受理争议案件后，按照《劳动法》规定以及劳动合同约定的权利和义务，以中间人的身份进行调解，促使争议双方当事人相互谅解、达成合议的一种争议解决方式。（　　）

17. "自行协商—企业内调解—仲裁—诉讼"是我国劳动争议的处理机制。（　　）

18. 劳动争议仲裁是对当事人有约束和强制执行效力的劳动争议处理方式。（　　）

19. 劳动争议仲裁机构是依法成立的对劳动争议进行仲裁的专门机构，涉及劳动争议仲裁委员会、仲裁庭及仲裁员。（　　）

20. 劳动争议仲裁具有强制性、法律效力、协商、自愿等性质。（　　）

21. 仲裁员由仲裁委员会聘任，是依法调解和仲裁争议案件的专业工作人员，所以只有专职仲裁员。（　　）

22. 调解过程中应始终贯彻自愿协商的原则，但如果达不成一致意见，调解委员会有决定权。（　　）

23. 劳动关系存续期间因拖欠劳动报酬发生争议的，劳动者申请仲裁不受此一年的时效限制。（　　）

24. 在劳动关系存续期间产生的支付工资争议，用人单位能够证明已经书面通知劳动者拒付工资的，书面通知送达之日为劳动争议发生之日。（　　）

25. 因解除或者终止劳动关系产生的争议，用人单位不能证明劳动者收到解除或者终止劳动关系书面通知时间的，劳动者主张权利之日为劳动争议发生之日。（　　）

26. 仲裁管辖权是指各类仲裁委员会之间、同级仲裁委员会之间受理劳动争议案件的

分工和权限。 (　　)

27. 地域管辖是指各级仲裁委员会受理劳动争议案件的特定范围。 (　　)

28. 根据"谁主张，谁举证"的原则，当事人申请劳动仲裁时对自己提出的主张，有责任提供证据。 (　　)

29. 仲裁庭仍然要先行调解劳动争议，对调解不成的才能仲裁。 (　　)

30. 当事人申请劳动争议仲裁后，只能以仲裁决定的形式结束仲裁。 (　　)

31. 仲裁裁决是仲裁委员会依据法定程序做出的具有法律效力的决定。 (　　)

32. 劳动争议诉讼是指劳动争议当事人不服劳动争议仲裁委员会的裁决，在规定的期限内向人民法院起诉，人民法院依照民事诉讼程序，在劳动争议双方当事人和其他诉讼参与人的参加下，审理和解决劳动争议案件的活动。 (　　)

33. 劳动争议诉讼的当事人只能是劳动者和用人单位。 (　　)

34. 劳动争议诉讼中的证据只有经人民法院查证属实，才能在法庭上用于证明、支持劳动争议双方参与当事人的诉讼。 (　　)

35. 劳动争议诉讼中当事人对一审法院判决不服的，可以提起上诉，二审法院做出的判决为最终判决，当事人必须执行。 (　　)

36. 民事诉讼时效期间从知道或者应当知道权利被侵害时起计算。 (　　)

37. 劳动争议诉讼中，满足某些条件可以不执行"原告就被告"的原则。 (　　)

38. 与一般民事诉讼不同，所有劳动争议案件一审都由基层人民法院管辖。 (　　)

39. 劳动争议诉讼证据不但要能够证明劳动争议内容属实，还必须是依据法定程序和形式收集或提供的事实材料。 (　　)

40. 明确告诉员工应该做什么、如何做、如何改进工作绩效，是沟通的控制功能。 (　　)

41. 通过对话与交流表达满足感与失败感，是沟通的信息功能。 (　　)

42. 非正式沟通对组织而言一般具有反面的作用。 (　　)

43. 人力资源管理中，员工是否愿意工作的重要性要远远超过是否有能力工作。 (　　)

44. 员工对其工作满意或不满意的程度，主要取决于客观上组织或企业做得如何，而不是员工对组织的期望。 (　　)

45. 员工的工作满意度会影响工作绩效、离职率、流动率。 (　　)

46. 员工满意度调查通常以调查问卷等形式收集员工对企业各个方面的满意程度。 (　　)

47. 员工满意度往往与顾客满意度没有直接的关系。 (　　)

48. 工伤也称职业伤害，是指职工在生产岗位上从事与生产劳动有关的工作或者由于劳动条件、作业环境等原因引起的人身伤害事故或者职业病。 (　　)

49. 工伤保险又称职业伤害赔偿保险，是指职工因工而致伤、病、残、死亡，可依法

获得经济赔偿和物质帮助的一种社会保险制度。 （ ）

50. 工伤医疗期是指职工负伤或患职业病而停工治疗并领取工伤保险津贴的期限。
（ ）

（二）单项选择题（下列每题的选项中，只有1个是正确的，请将其代号填在括号内）

1. （ ）不属于劳动争议。

A. 因劳动报酬、工伤医疗费、经济补偿、赔偿金等发生的争议

B. 因除名、辞退、辞职、离职发生的争议

C. 农村承包经营户与受雇人之间的纠纷

D. 因工作时间、休息休假、社会保险、福利、培训、劳动保护发生的争议

2. （ ）属于劳动争议。

A. 劳动者对职业病诊断鉴定结论的异议纠纷

B. 因除名、辞退、辞职、离职发生的争议

C. 个体工匠与帮工、学徒之间的纠纷

D. 家庭或个人与家政服务人员之间的纠纷

3. 劳动争议处理机制包括：①自行协商；②企业内调解；③仲裁；④诉讼。其先后次序是（ ）。

A. ①②③④ B. ②③①④ C. ②①③④ D. ④③②①

4. 如果一方当事人向调解委员会申请调解，另一方当事人向仲裁委员会申请仲裁，则应由（ ）受理。

A. 仲裁委员会 B. 调解委员会 C. 法院 D. 以上都不对

5. 根据目前的规定，仲裁时效为期（ ）个月。

A. 6 B. 12 C. 18 D. 24

6. 劳动关系存续期间因拖欠劳动报酬发生争议的，劳动者申请仲裁不受此1年时效限制，但是劳动关系终止的，应当自劳动关系终止之日起（ ）个月内提出。

A. 6 B. 12 C. 18 D. 24

7. 确定仲裁时效起始时间有两种表述，一是当事人知道或者应当知道其权利被侵害之日，二是（ ）。

A. 劳动争议发生之日 B. 仲裁庭推断之日

C. 证据指向之日 D. 劳动者主张权利之日

8. 根据“谁主张，谁举证”的原则，劳动者申请劳动仲裁，与争议事项有关的证据属于用人单位掌握管理的，（ ）应当提供。

A. 用人单位 B. 劳动者 C. 工会 D. 通过协商

9. 仲裁委员会收到仲裁申请之日起（ ）日内，认为符合受理条件的，应当受理，并通知申请人。

A. 5 B. 7 C. 10 D. 14

10. 被申请人收到仲裁申请书副本后，应当在（　　）日内向仲裁委员会提交答辩书。

A. 5　　B. 7　　C. 10　　D. 14

11. 当事人可以自收到仲裁裁决书之日起（　　）日内向人民法院提起诉讼；期满不起诉的，裁决书发生法律效力。

A. 5　　B. 10　　C. 15　　D. 30

12. 仲裁庭就仲裁进行合议时，如果不能形成多数意见，应当（　　）。

A. 按照首席仲裁员的意见作出裁决　　B. 仲裁无效

C. 重新仲裁　　D. 提请上一级机构仲裁

13. 劳动者对终局仲裁裁决不服的，可以自收到仲裁裁决书之日起（　　）日内向人民法院提起诉讼。

A. 10　　B. 15　　C. 20　　D. 30

14. 用人单位不服仲裁裁决书的，可以自收到仲裁裁决书之日起（　　）日内向仲裁委员会所在地的中级人民法院申请撤销裁决。

A. 10　　B. 15　　C. 20　　D. 30

15. 民事诉讼时效的普通时效为（　　）年。

A. 半　　B. 1　　C. 2　　D. 3

16. 以一个核心人物为信息发布中心，辐射状地向周围发布，是（　　）的形式。

A. 纵向沟通　　B. 链式沟通　　C. 轮式沟通　　D. 全通道式沟通

17. 由信息发布者一级一级逐一向下传播，属于沟通方法中的（　　）的形式。

A. 轮式沟通　　B. 纵向沟通　　C. 链式沟通　　D. 全通道式沟通

18. 依照组织机构划分，在同一部门的成员之间、同级别人员之间、同级别的部门之间的沟通是（　　）。

A. 横向沟通　　B. 链式沟通　　C. 轮式沟通　　D. 全通道式沟通

19. 人们采取某种行为倾向的强度，取决于对该行为之后的结果的期望强度及这种结果对于个体的吸引力，是（　　）的主要观点。

A. 差距理论　　B. 双因素理论

C. 需要层次理论　　D. 期望理论

20. 一个员工满意与否决定于“本人工作所得与工作投入之比”（即 A＝本人工作所得/本人工作投入）与“一个或多个参照人物的工作所得与工作投入之比”（即 B＝他人工作所得/他人工作投入）的比较结果，是（　　）的主要观点。

A. 差距理论　　B. 双因素理论

C. 需要层次理论　　D. 公平理论

21. （　　）认为在工作情境中有三项主要的动机或需求，即成就感的需求、权力的需求和归属感的需求。

A. 差距理论　　B. 双因素理论　　C. 三需求理论　　D. 公平理论

22.（　　）认为导致工作满意的因素与导致工作不满意的因素是分开而有别的，包括“保健因子”和“激励因子”。

A. 差距理论　　B. 双因素理论

C. 需要层次理论　　D. 公平理论

23.（　　）认为人是有需要的动物，需要必须加以满足，未能获得满足的需要常可左右人们的行为，人类的需要按重要性由低至高排列可分为五个层次：生理需要、安全需要、社会需要、尊重需要及自我实现的需要。

A. 差距理论　　B. 需要层次理论

C. 三需求理论　　D. 公平理论

24. 根据员工满意度调查数据可以将员工分为敏感状态群体、危险状态群体、过渡状态群体、（　　）等类型。

A. 稳定状态群体　　B. 得过且过群体

C. 鲇鱼类型群体　　D. 正能量群体

25. 工伤医疗期分为轻伤、重伤等不同情况，严重工伤或者职业病需要延长医疗期的，最长不超过（　　）个月。

A. 12　　B. 24　　C. 36　　D. 48

（三）多项选择题（下列每题的选项中，至少有 2 个是正确的，请将其代号填在括号内）

1. 劳动者和用人单位（或其管理者）之间发生的涉及（　　）的争议，属于劳动争议。

A. 劳动关系　　B. 劳动权利　　C. 劳动义务　　D. 奖金分配

E. 考核标准

2. 导致劳动争议的企业因素主要包括（　　）。

A. 直接违法　　B. 滥用管理权

C. 管理方式独断　　D. 程序违规

E. 变更考核方法

3. 劳动争议的主体包括（　　）。

A. 用人单位或其团体　　B. 劳动者或其团体

C. 工会　　D. 行业协会

E. 职工代表

4.（　　）属于劳动争议。

A. 劳动报酬、经济补偿等经济问题纠纷

B. 企业不当解雇

C. 单位侵害隐私权

D. 单位奖金分配不合理

E. 按法律规定合同到期终止

5. 劳动争议产生的三大原因包括（　　）。

A. 企业因素　　B. 劳动者因素

C. 外部环境因素　　D. 经济发展因素

E. 法律因素

6. 解决劳动争议的途径主要有（　　）。

A. 和解　　B. 调解　　C. 仲裁　　D. 诉讼

E. 行政复议

7. 劳动者与用人单位发生争议之后，（　　）可以向劳动争议调解委员会提请调解。

A. 劳动者　　B. 用人单位　　C. 工会　　D. 职工代表大会

E. 主管部门

8. 劳动争议处理的原则主要包括（　　）等。

A. 合法原则　　B. 公正原则

C. 及时处理原则　　D. 着重调解原则

E. 灵活处理原则

9. 根据《工会参与劳动争议处理试行办法》规定，（　　）等情况下，工会应依法参与处理劳动争议。

A. 签订或履行集体合同发生争议

B. 执行国家有关工作时间和休息休假、工资、职业安全卫生、女职工和未成年人特殊保护、职业培训、社会保险和福利的规定而发生争议

C. 因用人单位开除、除名、辞退职工，以及职工辞职、自动离职发生争议

D. 履行、变更、解除劳动合同发生争议

E. 根据绩效考核评定员工等级发生争议

10. 我国处理劳动争议的机构包括（　　）。

A. 劳动争议调解委员会　　B. 劳动争议仲裁委员会

C. 法院　　D. 劳动争议和解庭

E. 行业协会

11. 劳动争议的调解程序包括（　　）。

A. 申请调解　　B. 受理劳动争议

C. 调解前准备　　D. 实施调解

E. 执行调解协议书

12. 劳动争议仲裁应遵循的原则包括（　　）。

A. 先行调解原则　　B. 少数服从多数原则

C. 回避原则　　D. 及时原则

E. 工会参与原则

13. 仲裁管辖权是指各类仲裁委员会之间、同级仲裁委员会之间受理劳动争议案件的分工和权限，包括（　　）等。

A. 地域管辖　B. 级别管辖　C. 时间管辖　D. 类别管辖

E. 管辖权转移

14. 仲裁员应该回避或者当事人有权以口头或书面的方式提出回避的情形包括（　　）。

A. 仲裁员是案件当事人或者当事人、代理人的近亲属的

B. 仲裁员与案件有利害关系的

C. 仲裁员与当事人、代理人有其他关系，可能影响公正裁定的

D. 仲裁员私下会见当事人、代理人，或者接受当事人、代理人的请客送礼的

E. 案件当事人与法官有宿怨的

15. 劳动诉讼的原告与被告可以包括（　　）。

A. 劳动者　B. 用人单位　C. 仲裁员　D. 工会

E. 行业协会

16. 劳动争议案件的管辖分为（　　）。

A. 级别管辖　B. 地域管辖　C. 指定管辖　D. 移送管辖

E. 管辖权转移

17. 我国劳动争议诉讼程序主要有（　　）。

A. 一审程序　B. 二审程序

C. 审判监督程序　D. 执行程序

E. 行政复议程序

18. 我国现行劳动争议诉讼大致采用民事诉讼法中的一般举证原则，即“谁主张，谁举证”的原则，但在特殊情况时适用用人单位举证责任倒置，包括（　　）。

A. 员工开除　B. 减少劳动报酬

C. 解除劳动合同　D. 工伤认定

E. 绩效评估结果不当

19. 在组织中，沟通有（　　）等功能。

A. 控制　B. 激励　C. 引导　D. 信息传递

E. 惩罚

20. 员工沟通方法与渠道包括（　　）。

A. 纵向沟通与横向沟通

B. 链式沟通、轮式沟通与全通道式沟通

C. 正式沟通与非正式沟通

D. 入职沟通、工作中沟通、绩效沟通和离职沟通

E. 网络沟通

21. 提高沟通效率需要（　　）。

A. 明确沟通目的　　B. 掌握沟通时间

C. 确定沟通对象　　D. 掌握沟通方法

E. 选择沟通地点

22. 有关工作满意度的理论主要包括（　　）。

A. 差距理论　　B. 双因素理论　　C. 三需求理论　　D. 公平理论

E. 需要层次理论

23. 员工工作满意度的外在表现形式及影响因素可以是建设性或破坏性的、积极或消极的，如（　　）等。

A. 员工选择离开组织

B. 员工提出建议

C. 员工对工作不满，但相信组织和管理层会采取正确的举措

D. 员工出现抱怨、情绪抵触、迟到等行为

E. 员工接受考核结果

24. 员工的工作满意度会影响（　　）。

A. 工作绩效　　B. 缺勤和迟到行为

C. 员工离职率　　D. 发生偷窃与暴力行为

E. 员工的工作技能

25. 实施员工工作满意度调查对企业的作用包括（　　）。

A. 预防和监控的手段

B. 管理诊断和改进的工具

C. 广泛听取员工意见和激发员工参与的一种管理方式

D. 员工晋升、转岗的参考因素

E. 对管理报告提供有力的数据支持

【技能部分】

案例 1

案例背景

天地公司是一家知名的餐饮服务连锁企业，由于经营得法、定位合理，近几年公司进入高速发展阶段。公司从 1 家门店迅速拓展到 15 家门店，员工数从 200 人发展到 2 000 人。

但是这两年来，随着公司的高速发展，员工的流失率也在不断增长，先是劳务派遣工大量流失，近一年来正式员工也开始流失，技术人员、销售人员的流失率高达 25%。

人力资源部在员工离职面谈中了解到，员工感到工作压力太大，基层领导只强调完成任务，但对员工极不关心，与员工的付出相比薪酬也低于市场平均水平。

但是高层领导认为，工作压力大是不可避免的，在激烈的竞争中如果工作压力不大，就会可能被市场淘汰，员工应该有危机意识，为公司分担责任，现在的员工缺少吃苦耐劳的精神。他希望人力资源部要做好员工的思想工作，降低员工的流失率。

人力资源部计划做一项员工满意度调查，了解员工对企业的真正感受，为公司高层提出解决方案，以扭转员工流失率高的局面。

案例思考

1. 公司在员工沟通管理中存在什么问题?

2. 如果你是人力资源部经理，你会如何设计员工满意度调查方案?

案例 2

案例背景

2012 年 4 月 10 日，任某所在公司的生产科在科长的带领下，集体外出春游。客车过某高速公路收费站后，因躲避前方标志，与右护栏相撞翻滚，造成重伤三人、轻伤一人的交通事故，任某受了重伤。

任某在申请工伤性质认定时，公司认为发生交通事故的地点不在公司，任某在此次活动中受伤，不符合工伤认定条件。

但任某认为，当天的春游是生产科科长组织的，通知必须参加活动。当时任某有事请假，并且提交了书面请假条，但没有得到批准。当时，科长反馈说，春游是集体活动，主要是为了加强团队建设，任何人没有特殊情况均不得请假，否则以旷工处理。

案例思考

1. 构成或不构成工伤的依据是什么?

2. 任某的伤害是否构成工伤，为什么?

案例 3

案例背景

李闯是金盛物流（集团）有限公司人力资源部经理，公司是中外合资企业，李闯已经在公司工作了 8 年，劳动合同有效期到 2016 年 9 月 30 日止。2011 年 1 月，公司出资让李闯参加了为期两年半的 MBA（工商管理硕士）学习，学费 8 万元全部由公司承担，并与李闯签订了 5 年服务期协议，即服务期自 2011 年 1 月至 2016 年 2 月。协议中约定，如果李闯在服务期内提出辞职或者因个人原因无法履行服务期约定，将按照规定支付违约金。2015 年 9 月，公司发现李闯利用工作时间在外以某培训公司培训师的身份授课，影响了他在公司中的正常工作。公司规章制度中明确规定员工不得在外兼职，否则公司将立即解除其劳动合同。

但是，总经理觉得李闯以前工作还是很出色的，因此想给他一个机会，于是总经理找李闯沟通了几次，并且发出了书面警告信，希望他不要在外再兼职了，会影响本职工作。

李闯口头上虽然答应了总经理的劝说，承认兼职行为违反公司规章制度，也在警告信上签了字，但却继续在外授课。2015年10月，集团公司书面通知李闯，因他在外兼职影响正常工作，且经公司多次劝说仍无悔改，公司与其解除劳动合同，并要求李闯支付剩余的培训违约金。

对此，李闯与总经理发生了激烈争吵，坚决不同意支付违约金，认为双方在服务期协议中约定，如果在服务期内李闯提出辞职，则需要支付违约金。但是现在不是他提出辞职，而是公司提出与他解除劳动合同。李闯认为，在公司外授课不足以被解聘，更无须支付违约金。

案例思考

1. 请分析李闯该不该支付服务期内培训违约金。

2. 请结合案例，阐述在服务期内与劳动者解除劳动关系的免责条件有哪些。

案例4

案例背景

张凤来在2015年9月24日到某公司从事装配工作，工作时间为上午8时30分至下午5时30分，月基本工资是2 500元，但是双方未签订劳动合同。

2015年11月18日7时50分左右，张凤来骑电动车上班，行至邻近公司的滨河路右转时，与同事杨俊驾驶的公司班车碰擦，致使她倒地后右手、左膝受重伤。该事故经交警支队认定，杨俊负全部责任。

事故发生后，张凤来就上述交通事故的赔偿事宜向区人民法院提出诉讼，经法院调解，事故达成调解协议：财产保险有限公司在交强险和商业险范围内，于2016年5月前一次性赔偿张凤来医疗费、营养费、护理费、伤残赔偿金、精神损害抚恤金、住院伙食补助费等。

交通事故后，张凤来没有再去公司工作，一直在家养伤，并书面通知公司人力资源部，要求工伤赔偿。2016年4月29日，市人力资源社会保障局根据张凤来的个人申报，调查核实后认定其为工伤。2016年7月22日，经市劳动能力鉴定委员会鉴定，认定张凤来伤残等级达九级。后来，张凤来就工伤待遇向劳动争议仲裁委员会申请仲裁。2016年11月3日，仲裁委员会做出裁决：公司支付张凤来一次性伤残补助金、一次性工伤医疗补助金、一次性伤残就业补助金等。

公司不服仲裁裁决，他们认为张凤来受交通事故损害，已由肇事者承担赔偿责任，张凤来既获得事故赔偿又获得工伤赔偿不合理。

案例思考

1. 张凤来所受伤害是否应认定为工伤？

2. 张凤来是否能再获得工伤保险赔偿？

四、参考答案

【理论知识部分】

(一) 判断题

1. √ 2. × 3. × 4. √ 5. √ 6. √ 7. √ 8. √ 9. √ 10. × 11. √ 12. √ 13. √ 14. × 15. √ 16. √ 17. √ 18. √ 19. √ 20. √ 21. × 22. × 23. √ 24. √ 25. √ 26. √ 27. × 28. √ 29. √ 30. × 31. √ 32. √ 33. √ 34. √ 35. √ 36. √ 37. √ 38. √ 39. √ 40. × 41. × 42. × 43. √ 44. × 45. √ 46. √ 47. × 48. √ 49. √ 50. √

(二) 单项选择题

1. C 2. B 3. A 4. A 5. B 6. B 7. A 8. A 9. A 10. C 11. C 12. A 13. B 14. D 15. C 16. C 17. C 18. A 19. D 20. D 21. C 22. B 23. B 24. A 25. C

(三) 多项选择题

1. ABC 2. ABC 3. ABCE 4. AB 5. ABC 6. ABCD 7. AB 8. ABCD 9. ABCD 10. ABC 11. ABCDE 12. ABCD 13. AB 14. ABCD 15. AB 16. ABCDE 17. ABCD 18. ABC 19. ABD 20. ABCD 21. ABCD 22. ABCDE 23. ABCD 24. ABCD 25. ABC

【技能部分】

案例 1

答题思路

1. 员工沟通管理中存在的问题

(1) 高层领导对员工缺乏了解，和员工的沟通意愿不足。

(2) 公司未形成有效的沟通机制，员工沟通方式和渠道缺失，出现问题后信息反馈不充分、不及时。

(3) 未能建立有效的沟通文化，导致员工满意度低。

2. 员工满意度调查方案的设计

(1) 确定员工满意度调查途径。根据企业实际情况，决定员工满意度调查是企业自行操作，还是请专业机构进行。就天地公司的情况而言，建议请专业机构进行。因为企业自行开展员工满意度调查时，员工常常抱着观望的态度而不是积极配合的态度。另外，员工满意度调查是一项复杂的、专业化的工作，企业在技术和人员上的差距，也影响后期解决方案的产生，导致无法取得预期的激励员工的效果。

(2) 编制员工满意度调查问卷

1) 标题。标题是对调查内容的高度概括。

2) 卷首语。卷首语也称封面信或前言，一般包含自我介绍、调查目的与回收事宜。

3) 指导语。指导语旨在告诉被调查者如何填写问卷，包括对某种定义、标题的限定或示范举例等内容。另外，指导语要简明易懂，让人一看就明白如何填写。

4）主体。主体是指问卷的问题部分，可根据答案标准化程度分为开放题、封闭题、半开放题三种。

（3）选择合适的时机开展问卷调查。先进行低调的访谈来判断员工的想法，帮助管理者决定何时或者是否需要一次全面的调查。

（4）确定参加问卷调查的人员范围，并要与管理层达成一致意见，明确满意度调查会与公司的薪酬、激励等制度的变化联系起来，否则一次没有可预见用途的调查，反而会让员工失望。

案例2

答题思路

1. 构成或不构成工伤的依据

（1）是否与业务活动有关。

（2）是否具有强制性。

2. 任某的伤害构成工伤

案例中当事人所说的，本次活动是必须参加的，不予准假，则可以视为具有强制性，可以认定是工伤。

（1）春游活动中包含业务活动的因素，如素质拓展训练可以加强团队的凝聚力和提升团队的工作效率，因此可以视为与业务有关的活动。

（2）科长规定春游活动必须参加，科长没有批准书面请假，可见该活动具有强制性，可以视为与工作有关。

案例3

答题思路

1. 李闯应该支付违约金

（1）《中华人民共和国劳动合同法》（以下简称《劳动合同法》）规定用人单位为劳动者提供专项培训费用，对其进行专业技术培训的，可以与该劳动者订立协议，约定服务期。劳动者违反服务期约定的，应当按照约定向用人单位支付违约金。

（2）《劳动合同法》规定，劳动者有下列情形之一的，用人单位可以解除劳动合同，包括：严重违反用人单位的规章制度的；严重失职，营私舞弊，给用人单位造成重大损害的；劳动者同时与其他用人单位建立劳动关系，对完成本单位的工作任务造成严重影响，或者经用人单位提出，拒不改正的。

（3）本案例中，李闯违反了公司“不得在外兼职”的规章制度，而且在总经理多次劝说后仍然拒不改正，影响了其在公司的正常工作，因此是李闯的行为导致服务期无法履行，属于劳动者违反服务期约定，李闯需要支付违约金。

2. 服务期内与劳动者解除劳动关系的免责条件

服务期制度是对用人单位利益的保护，目的主要在于对劳动者自由解除或终止劳动合同的权利做一定限制。劳动者违反合法的服务期约定，将要赔偿一定的培训费用。但这并不意味着用人单位可以利用服务期随意解除劳动合同。服务期和劳动合同的解除是《劳动合同法》中两个不同的制度。

用人单位可以放弃服务期，但不能在放弃服务期的同时解除劳动合同。用人单位要单方面解除劳动合同，还是要遵循《劳动合同法》中关于劳动合同解除的规定，即《劳动合同法》第三十九条的规定。劳动者有下列情形之一的，用人单位可以解除劳动合同：在试用期间被证明不符合录用条件的；严重违反用人单位的规章制度的；严重失职，营私舞弊，给用人单位造成重大损害的；劳动者同时与其他用人单位建立劳动关系，对完成本单位的工作任务造成严重影响，或者经用人单位提出，拒不改正的；因本法第二十六条第一款第一项规定的情形致使劳动合同无效的；被依法追究刑事责任的。

案例 4

答题思路

1. 张凤来所受伤害应认定为工伤

（1）张凤来和公司虽未签订劳动合同，但在公司指定工作场所、限定工作时间从事装配工作，也已形成事实劳动关系。

（2）发生交通事故的时间和地点是张凤来上班途中的合理时间和合理路线，上下班途中的时间为正常的劳动生产所必需，是工作时间的延伸。

2. 张凤来可以再获得工伤保险赔偿

（1）张凤来发生交通事故受伤，已被依法认定为工伤，伤残等级鉴定为九级，依法应享受工伤保险待遇。

（2）工伤职工在获得侵权责任人的赔偿后，仍有权依据《工伤保险条例》的规定享受工伤保险待遇。

7

第七单元

专业英语

一、学习要求

通过本单元的学习，学员应掌握一定量的人力资源管理专业英语词汇和常用表达方式，能够用英语撰写人力资源管理常用格式的文章。

二、练习题

（一）翻译题（请将下面的英语译成汉语，汉语译文英语）

1. absenteeism
2. achievement test
3. accountability
4. adolescent
5. adverse impact
6. aggressive
7. ambition
8. analytic approach
9. announcement
10. arbitrary
11. balanced scorecard
12. bargain
13. behavior modeling
14. behavior-based program
15. benchmark
16. business planning
17. candidate
18. career anchor
19. career counseling
20. career curves
21. career management system
22. career development
23. career orientation
24. centralization
25. cognitive ability
26. cognitive outcomes
27. collaborative diagnosis

28. collective bargaining
29. collective contract
30. collective negotiation
31. communication skill
32. compensable factors
33. competency assessment
34. competency model
35. competitive advantage
36. compromise
37. concentration strategy
38. consultation
39. data flow diagram
40. decentralization
41. decision making
42. decision support systems
43. deficiency
44. defined-benefit plan
45. defined-contribution plan
46. delayering
47. demand forecasting
48. depression
49. development planning system
50. differential piece rate
51. direct costs
52. discipline
53. efficiency wage theory
54. egalitarian
55. earnings
56. efficiency
57. employee deployment
58. employee empowerment
59. employee leasing
60. employee survey research
61. equal employment opportunity，EEO
62. exit interview

63. face to face discussion
64. factor comparison system
65. flexible benefit plan
66. flowchart
67. formal education program
68. gain sharing plan
69. goal and timetable
70. graphic rating-scale method
71. head hunter
72. healthy and safety
73. high-performance work system
74. hourly work
75. human capital
76. human resource dispatch
77. indirect cost
78. individualism
79. inflation
80. insurance
81. intellectual asset
82. internal analysis
83. internal growth strategy
84. job analysis
85. job classification system
86. job description
87. job design
88. job enlargement
89. job enrichment
90. job evaluation
91. job commitment
92. job redesign
93. key performance indicator，KPI
94. labor relations process
95. leaderless group discussion
96. learning organization
97. maintenance of membership

98. management by objectives, MBO
99. management forecast
100. management process
101. manager appraisal
102. managing diversity
103. material incentive
104. medical plan
105. night shift
106. nonprofit organization
107. online training
108. on-the-job training, OJT
109. open culture
110. organization design and development
111. organizational analysis
112. organizational capability
113. organization chart
114. orientation
115. panel interview
116. pay claim
117. pay grade
118. pay structure
119. pay-for-performance standard
120. pay-policy line
121. pension
122. peer appraisal
123. pep talk
124. performance appraisal
125. performance feedback
126. performance management
127. performance planning and evaluation, PPE
128. potential
129. priority
130. probation
131. questionnaire
132. rapport

133. readability
134. readiness for training
135. reasoning ability
136. reconciliation
137. recognition
138. redundancy
139. reengineering
140. reinstatement
141. relational database
142. saving and pension plan
143. senior management
144. self-appraisal
145. subcontracting
146. substantive reason
147. successor
148. supply forecasting
149. sick note
150. situational interview
151. skill inventories
152. skill-based pay
153. specificity
154. spot bonus
155. staffing tables
156. tacit knowledge
157. task analysis
158. team leader training
159. team building
160. top stratum
161. total quality management，TQM
162. utility analysis
163. verbal comprehension
164. wage and salary survey
165. wage freeze
166. 360 度反馈过程
167. 态度构建

168. 权威
169. 视听教学
170. 审计法
171. 事业部
172. 业务整合
173. 持续学习
174. 合作培训
175. 核心竞争力
176. 成本结构
177. 关键事件法
178. 跨文化准备
179. 交叉培训
180. 文化环境
181. 文化冲突
182. 文化价值观
183. 顾客评估
184. 简历
185. 差别性影响
186. 差别性对待
187. 多元化培训
188. 红利
189. 歧视
190. 开除，解雇
191. 精简
192. 降级
193. 外派雇员
194. 期望理论
195. 显性知识
196. 外部成长战略
197. 外部劳动力市场
198. 参照系
199. 职能工作分析
200. 委屈
201. 群体指导计划
202. 人力资源信息系统

203. 人力资源管理
204. 人力资源计划
205. 内部劳动力
206. 实习计划
207. 面试
208. 产业化
209. 工作轮换
210. 工作满意度
211. 工作规范
212. 合资公司
213. 直线经理
214. 调解
215. 绩效指南
216. 职业中期
217. 最低工资
218. 流动性
219. 非正式员工
220. 费用
221. 重新谋职
222. 外包
223. 超额工资
224. 个人特征
225. 人员甄选
226. 计件工资
227. 职位分析问卷调查
228. 权力差距
229. 预测效度
230. 利润分享
231. 晋升
232. 心理契约
233. 报酬
234. (核心人员)保持计划
235. 角色模糊
236. 角色分析技术
237. 战略选择

238. 战略一致性
239. 战略性人力资源管理
240. 战略形成
241. 战略执行
242. 下属
243. 可持续发展计划
244. 培训管理
245. 事务处理
246. 趋势分析
247. 离职，流动
248. 福利体系
249. 宽幅薪酬
250. 就业许可证

(二) 单项选择题(下列每题的选项中，只有1个是正确的，请将其代号填在横线处)

1. The process of helping redundant employees to find other work or start new careers is ________.

A. replacement B. outplacement C. release D. downsizing

2. As an appraiser, you should try to do all of the following except ________.

A. minimize criticism

B. change the person, not the behavior

C. focus on solving problems

D. be supportive

3. The ________ plan should include plans for attracting good candidates by ensuring that the organization will become an "employer of choice".

A. outplacement B. evaluation C. recruitment D. training

4. Questions contained in structured job interviews should be based on ________.

A. job analysis B. job design

C. job specialization D. job utilization

5. ________ aims to broaden experience by moving people from job to job or department to department.

A. Job analysis B. Job rotation

C. Job satisfaction D. Job involvement

6. ________ is not a core skill that is critical for success abroad.

A. Physical fitness and mental maturity

B. Effective delegate skills

C. Prudent decision-making skills

D. Cultural adaptability

7. Career development programs benefit organizations in all of the following ways except ________ .

A. giving managers more control over their subordinates

B. giving managers increased skill in managing their own careers

C. providing greater retention of valued employees

D. giving an increased understanding of the organization

8. Compensation programs that compensate employees for the knowledge they possess are known as ________ .

A. skill-based pay plans B. performance-based pay plans

C. merit-based pay plans D. seniority-based pay plans

9. A set of standards of acceptable conduct and moral judgment is known as ________ .

A. morales B. ethics C. rules D. legislation

10. The statement ________ is not true of self-ratings of performance.

A. they are beneficial when managers seek to increase the employee's involvement in the review process

B. critics argue that self-ratings are more lenient

C. research has shown that self-ratings are as valid as, if not more valid than, test scores

D. they are free of most biases that other rating sources may have

11. The placement of an employee in another job at a higher level in the organization with an increase in pay and status is known as a ________ .

A. job enlargement B. transfer

C. promotion D. job rotation

12. The area from which employers obtain certain types of workers from within the organization is known as the ________ .

A. internal labor market B. regional labor market

C. recruiting area D. external labor market

13. A process that goes beyond TQM programs to a more comprehensive approach to process redesign is known as ________ .

A. job redesign B. process redesign

C. reengineering D. rightsizing

14. The primary reason why organizations train new employees is to ________ .

A. increase their knowledge, skill, and ability level

B. help trainees achieve personal career goals

C. comply with government regulations

D. improve the work environment

15. When determining where training emphasis should be placed, an examination of the goals, resources, and environment of the organization is known as ________.

A. task analysis
B. organization analysis
C. resource analysis
D. skills analysis

16. ________ is not a primary impact that technology has had on HRM.

A. It has altered the methods of collecting employment information

B. It has sped up the processing of employment data

C. It has diminished the role of supervisors in managing employees

D. It has improved the processes of internal and external communications

17. The final decision to hire an applicant usually belongs to ________.

A. the HR recruiter
B. the HR manager
C. the line management
D. the co-workers

18. To create a more flexible pool of employees, managers might most likely ________.

A. rely on job-based pay structures

B. rely on skill-based pay structures

C. implement a gainsharing incentive system

D. implement an employee stock ownership plan

19. Sometimes organizations provide services to terminated employees that help them bridge the gap between their old position and a new job. These services are known as ________.

A. downsizing programs

B. "headhunting" assistance programs

C. outplacement assistance

D. employee assistance programs (EAPs)

20. Wage survey data will normally be collected with the use of ________.

A. low-rated jobs
B. key jobs
C. high-rated jobs
D. strategic jobs

21. The tendency for an evaluator to let the assessment of an individual on one trait influence his or her evaluation of that person on other traits is known as ________.

A. similarity error
B. halo effect or error
C. leniency error
D. single criterion

22. To facilitate an egalitarian environment, managers should implement HR practices ________ .

A. team-based training
B. HRIS technologies
C. profit sharing
D. team-based selection

23. Determining whether or not task performance is acceptable and studying the characteristics of individuals and groups that will be placed in the training environment are known as ________ .

A. person analysis
B. demographic analysis
C. individual analysis
D. group and individual analysis

24. Reasons for not hiring from within include all of the following except ________ .

A. motivational concerns
B. lack of qualified internal candidates
C. a need for new ideas
D. the risk of "employee cloning"

25. Freedom from criterion deficiency of performance appraisals refers to the extent to which ________ .

A. standards relate to the overall objectives of the organization
B. standards capture the entire range of an employee's responsibilities
C. individuals tend to maintain a certain level of performance over time
D. factors outside the employee's control can influence performance

26. ________ is an example of a well-written performance standard.

A. Desk clerks are expected to check out approximately fifteen customers every half-hour
B. Customer service representatives should be energetic and pleasant to customers
C. Resident dorm advisers should be easily accessible to students
D. Police should respond to a call within a short period of time

27. ________ is not an important component of a meaningful gainsharing plan.

A. Establishing fair and precise measurement standards
B. Ensuring that bonus payout formulas are easy to calculate
C. Ensuring that bonus payouts are large enough to encourage future employee effort
D. Depending on top management to develop the gainsharing program

28. An incentive plan is more likely to succeed in an organization when all of the following are true except ________ .

A. employees' morale is high
B. employees believe they are being treated fairly
C. there is harmony between employees and management

D. employees believe that incentive payment are deferred

29. ________ is a technique used to elicit employee views in order to make decisions and initiate change.

A. Suggestion system
B. Downward communication
C. Attitude survey
D. Empowerment

30. Human capital of a firm include the following except ________.

A. the knowledge of a firm's workers
B. skills of a firm's workers
C. the expertise of a firm's workers
D. the behavior of a firm's workers

31. Eliminating what are deemed to be unnecessary layers of management and supervision is known as ________.

A. delayering
B. downsizing
C. right-sizing
D. benchmarking

32. Objectives accomplished through job analysis include all of the following except ________.

A. establishing the job-relatedness of selection requirements
B. determining the relative worth of a job
C. eliminating discrepancies between internal wage rates and market rates
D. proving criteria for evaluating the performance of an employee

33. The aims of human resource planning in any organization might be the following except ________.

A. attract and retain the number of people required with the appropriate skills, expertise and competences
B. reduce dependence on external recruitment when key skills are in short supply by formulating retention, as well as employee development, strategies
C. neglect the problems of potential surpluses or deficits of people
D. develop a well-trained and flexible workforce, thus contributing to the organization's ability to adapt to an uncertain and changing environment

34. Employees who are coached, advised, and encouraged by employers of greater rank are known as ________.

A. fast-trackers
B. organizational students
C. mentors
D. proteges

35. The costs of labor turnover include the following except ________.

A. direct cost of recruiting replacements

B. opportunity cost of time spent by HR and line managers in recruitment

C. loss arising from reduced input from new starters until they are fully trained

D. indirect cost of training replacements in the unnecessary skills

36. Advantage of employee stock ownership plans (ESOPs) include all of the following except ________ .

A. employers are able to provide retirement benefits to employees at a relatively low cost

B. the employees' pensions are less vulnerable due to diversification

C. ESOPs can increase employees' pride of ownership

D. ESOPs can provide an incentive for employees' to increase productivity

37. ________ system of job evaluation is being used when jobs are classified according to a series of predetermined wage grades.

A. Hay profile method B. Job ranking

C. Factor comparison method D. Job classification system

38. All of the following benefits are realized by aligning employee rewards with performance except ________ .

A. employees will share the gains that result from any performance improvement

B. employees will pursue outcomes that beneficial to themselves

C. employees will perceive a greater degree of fairness

D. employees may go out of their way to help the organization

39. One of the primary benefits of cross-training employees is that ________ .

A. cross-training enables individuals to exert more effort on their job

B. cross-training helps employees identify trouble spots that cut across several jobs

C. cross-training enables managers to spend less time supervising individual performance

D. cross-training enables managers to save more money in labor costs

40. Job analysis is called the cornerstone of HRM because ________ .

A. the information obtained is proactive

B. it is the first job given to new HRM employees

C. the information it collects serve so many HRM functions

D. it is required by law

41. An interview in which an applicant is given a hypothetical incident and is asked how he or she would respond to it is a ________ .

A. computer interview B. panel interview

C. situational interview D. nondirective interview

42. ________ allows students to get real-world experience in organizations while still receiving college credit.

A. Vestibule training B. Apprenticeship training

C. Internship D. College training

43. Career counseling involves talking with employees about all of the following except ________ .

A. their current job activities and performance

B. their past career decisions

C. their personal and career interests and goals

D. their personal skills

44. An employer wishing to set up the job classification system of job evaluation would have to ________ .

A. establish a point plan to evaluate all jobs

B. rank jobs according to the beliefs of committee members

C. describe job grades with increasing amount of responsibility, skill, knowledge, or ability

D. evaluate jobs with the use of a job evaluation scale

45. The process of determining the relative worth of jobs in order to determine pay rates for different jobs is known as ________ .

A. job determination B. job diagnosis

C. job analysis D. job evaluation

46. To enhance the degree of rareness in employee skill and abilities, organizations should develop competencies in their employees that ________ .

A. can be transferred to other organizations

B. can be duplicated

C. provide generic skills that are widely valued

D. are not equally available in the labor market

47. All of the following are prevalent reasons for failure among expatriates except ________ .

A. a spouse's inability to adapt

B. a manager's personality

C. inability to cope with larger responsibilities

D. distaste for travel

48. Organizations like to hire older workers because ________ .

A. they have proven employment experience

B. they learn faster

C. they have better safety records

D. they do not require medical benefits

49. Reengineering often requires that managers start from scratch in rethinking all of the following except ________ .

A. how work should be done

B. how technology and people should interact

C. how the entire organization should be structured

D. how organizations should compete

50. While a career development program requires special processes and techniques, a basic requirement is ________ .

A. task analysis　　B. role modeling

C. management support　　D. a promotion policy

51. Questions contained in structured job interviews should be based on ________ .

A. job analysis　　B. job design

C. job specialization　　D. job utilization

52. Regardless of the selection methods used, it is essential that the selection procedure be ________ .

A. lengthy and thorough　　B. quick and efficient

C. reliable and valid　　D. a positive experience for applicants

53. If your primary objective for a performance appraisal is to give employees developmental feedback, the proper appraisal methods you should use is ________ .

A. trait method　　B. results method

C. behavior method　　D. attitudinal method

54. Performance appraisal systems sometimes yield disappointing results for all of the following reasons except ________ .

A. lack of top-management support

B. rate bias

C. use of the appraisal program for conflicting purposes

D. use of appraisal systems in validating job analysis

55. Transnational teams tend to be ________ .

A. focused on projects that span multiple countries

B. comprised of members with generalized skills

C. homogenous

D. comprised of members from the same region

56. Disadvantages of profit sharing include all of the following except ________ .

A. because payments are made only once a year, they may lose their motivational value

B. plans may not pay off for several years in a row

C. effective profit sharing plans require a second HR program

D. employee morale could drop during time periods after no bonus has been given

57. The total-quality HR paradigm would likely emphasize all of the following except ________ .

A. cross-functional training

B. team/group-based rewards

C. autocratic leadership

D. customer and peer performance reviews

58. To attain a sustainable competitive advantage through people, organizations should develop competencies in their employees that ________ .

A. are transferable to other organizations

B. can be duplicated

C. provide generic skills that are widely valued

D. are designed around unique team processes

59. Notifying applicants of the selection decision and making job offers are generally the responsibility of ________ .

A. the HR department   B. the line manager

C. the supervisor   D. the industrial relations manager

60. Benefits of orientation programs frequently reported by employers include all of the following except ________ .

A. higher turnover   B. facilitation of learning

C. improved employee morale   D. increased productivity

61. All of the following are basic skills needed for successful career management except ________ .

A. developing a positive attitude

B. establishing goals

C. adopting the mindset of your superiors

D. putting responsibility for your career in the hands of your supervisor

62. Job requirements are ________ .

A. the different duties, tasks, and responsibilities that make up a job

B. the educational background and skills required to do the job

C. the work experience required to do the job

D. the time required to complete the job

63. A total-quality paradigm tends to emphasize ________ .

A. job-related skills　　B. cross-functional skills

C. functional, technical skills　　D. a narrow range of skills

64. All of the following are basic skills needed for successful career management except ________ .

A. developing a positive attitude

B. establishing goals

C. adopting the mindset of your superiors

D. putting responsibility for your career in the hands of your supervisor

65. When managers talk about "going global" they have to balance a complicated set of issues that include all of the following except ________ .

A. geographical differences　　B. cultural differences

C. legal differences　　D. personal differences

66. Disorientation that causes perpetual stress in people who settle overseas for lengthy periods of time is commonly referred to as ________ .

A. future shock　　B. culture shock

C. international disorientation　　D. eustress

67. It is recommended that a diagnosis of poor employee performance focus on all of the following except ________ .

A. skill　　B. personality

C. effort　　D. external conditions

68. ________ is not an appropriate strategy to create a training environment conducive to learning.

A. Using negative reinforcement

B. Having participants set personal goals

C. Designing institutional objectives

D. Eliminating treats and punishments

69. Cultural environment includes all of the following except ________ .

A. education/human capital　　B. values/ideologies

C. corporate structure　　D. religious beliefs

70. If labor costs represent 50% of an organization's sales dollars and the organization pays a bonus to employees whenever labor costs drop below this percentage, it is using

________ incentive plan.

A. team bonuses B. individual bonuses

C. piece rate D. profit sharing

71. The placement of an employee in another job for which the duties, responsibilities, status, and remuneration are approximately equal to those of the previous job is known as a ________ .

A. promotion B. transfer C. lateral move D. job rotation

72. The interview method that best reduces the possibility of discrimination is the ________ .

A. behavioral description interview B. panel interview

C. situational interview D. structured interview

73. Of the following, the one that would not be considered a chief objective of most benefits programs is ________ .

A. reducing turnover

B. improving employee satisfaction

C. "sidestepping" legal requirements for employee health and safety

D. attracting and motivating employees

74. Compensation programs that compensate employees for the knowledge they possess are known as ________ .

A. skill-based pay plans B. performance-based pay plans

C. merit-based pay plans D. seniority-based pay plans

75. ________ is not a typical method of increasing the power of employees.

A. Job enlargement B. Enrichment

C. Standardization D. Relying on self-managed teams

76. ________ is not one of the ways in which international HRM differs from domestic HRM.

A. International HRM must be concerned with obeying local laws and regulations

B. International HRM is responsible for a greater number of functions

C. International HRM must consider the increased possibility of terrorist attacks on personnel

D. International HRM must assist personnel with orientation and translation services

77. ________ is not a phase of a system model of training.

A. Needs assessment B. Motivation assessment

C. Program implementation D. Evaluation

78. "Tell me about the last time you disciplined an employee" is an example of a ________.

A. behavioral description interview question

B. panel interview question

C. computer interview question

D. closed response interview question

79. A pictorial representation of all organizational jobs along with the numbers of employees currently occupying those jobs and future employment requirements is called ________.

A. a staffing table　　B. an organization chart

C. a skills inventory　　D. a career planning

80. ________ has primary responsibility for the development of disciplinary policies and procedures.

A. The legal department　　B. Top-level management

C. The HR department　　D. Middle management

81. An example of a qualitative approach to demand forecasting is ________.

A. trend analysis　　B. the Delphi technique

C. multiple predictive models　　D. modeling

82. Recent technological advancements have led to all of the following except ________.

A. an increased number of unskilled jobs

B. an increased number of skilled jobs

C. gains in productivity and quality

D. a need to retrain workers

83. Self-appraisals are best for ________.

A. administrative purposes　　B. developmental purposes

C. promotional purposes　　D. regulatory purposes

84. ________ is not a benefit of orientation programs.

A. Increased productivity　　B. Lower turnover and improved morale

C. More comprehensive task analysis　　D. Reduction of new employee anxiety

85. Sometimes organizations provide services to terminated employees that help them bridge the gap between their old position and a new job. These services are known as ________.

A. downsizing programs

B. "headhunting" assistance programs

C. outplacement assistance

D. employee assistance programs (EAPs)

86. To facilitate an egalitarian environment, managers should implement HR practices of ________ .

A. team-based training
B. HRIS technologies
C. profit sharing
D. team-based selection

87. The examination of the attitudes and activities of a company's workforce refers to ________ .

A. environmental scanning
B. performing a trend analysis
C. performing a cultural audit
D. behavioral modeling

88. If you were developing a performance appraisal system for individuals on international assignments, it would be best to base individual's appraisals on information from ________ .

A. host-country evaluations
B. home-country evaluations
C. both home-and host-country evaluations
D. peer evaluations

89. The two principal criteria for determining promotions are ________ .

A. seniority and salary
B. knowledge and skills
C. seniority and knowledge
D. merit and seniority

90. To obtain employee input regarding benefits packages, employers often use ________ .

A. performance appraisals
B. psychological tests
C. union reports
D. opinion surveys

91. Executives or managers who coach, advise, and encourage employees of lesser rank are called ________ .

A. protégés
B. teachers
C. mentors
D. role models

92. Recruiting from within means that organization prefers to recruit people from ________ .

A. regional labor market
B. national labor market
C. internal labor market
D. international labor market

93. Staffing the organization, designing jobs and teams, developing skillful employees, identifying approaches for improving employee performance, and other HRM issues are duties typically reserved for ________ .

A. HR managers
B. line managers

C. HR and line managers　　D. top executives

94. Multiperson comparisons evaluate one individual's performance against one or more others. There are three most popular comparisons except ________ .

A. group order ranking　　B. individual ranking

C. graphic rating scales　　D. paired comparisons

95. An employer wishing to set up the job classification system of job evaluation would have to ________ .

A. establish a point plan to evaluate all jobs

B. rank jobs according to the beliefs of committee members

C. describe job grades with increasing amount of responsibility, skill, knowledge, or ability

D. evaluate jobs with the use of a job evaluation scale

96. In a company, if people currently employed are 300, annual wastage rate is 20%, and number required at end-year is 350, then the company should recruit ________ .

A. 100　　B. 110　　C. 120　　D. 130

97. The performance measures that might be used for performance-based compensation include the following except ________ .

A. individual work time

B. departmental productivity

C. unit profitability

D. the overall organization's profitability

98. The main aim of job rotation is to ________ .

A. acquire basic knowledge

B. broaden experience

C. acquire basic skills

D. move people from job to job

99. An organization wishing to establish greater job-staffing flexibility would likely use ________ system.

A. straight pay　　B. skill-based pay　　C. incentive pay　　D. two-tier pay

100. The basis philosophy of the managerial grid training is that ________ .

A. the task of the individual manager is to achieve people through production

B. the task of the individual manager is to achieve production through people

C. the task of the individuals is to achieve production through other people

D. the task of the individual manager is to achieve production through himself (herself)

(三) 阅读理解题(阅读以下短文并做短文后面的单项选择题)

ONE

The context for obtaining the people required will be the labor markets in which the organization is operating which are:

(1) The internal labor market—the stocks and flows of people within the organization who can be promoted, trained, or re-deployed to meet future needs.

(2) The external labor marker—the external local, regional, national and international markets from which different sorts of people can be recruited. There are usually a number of markets, and the labor supply in these markets may vary considerably. Likely shortages will need to be identified so that steps can be taken to deal with them, for example, by developing a more attractive "employment proposition".

As part of the human resource planning process, an organization may have to formulate "make or buy" policy decisions. A "make" policy means that organization prefers to recruit people at a junior level or as trainee, and rely mainly on promotion from within and training programs to meet future needs. A "buy" policy means that more reliance will be placed on recruiting from outside "bringing fresh blood into the organization". In practice, organizations tend to mix the two choices together to varying degrees, depending on the situation of the firm and the type of people involves. A highly entrepreneurial company operating in the turbulent conditions, or one which has just started up, will probably rely almost entirely on external recruitment. When dealing with knowledge workers, there may be little choice—they tend to be much more mobile, and resourcing strategy may have to recognize that external recruitment will be the main source of supply. Management consultancies typically fall into this category. Firms which can predict people requirements fairly and accurately may rely more on developing their own staff once they have been recruited.

1. A "make" policy means that organization prefers to promote people from ________ .

A. regional labor market B. national labor market

C. internal labor market D. international labor market

2. According to the passage, management consultancies ________ .

A. are less mobile than people at a junior level

B. should be recruited from external labor market

C. should be promoted from within the organization

D. are not knowledge workers

3. If a firm can predict people requirements fairly accurately, it may not ________ .

A. develop their own staff

B. formulate training programs

C. promote people from within the organization

D. rely more on recruiting from outside

4. "Make or buy" policy decision is a part of ________ .

A. human resource planning B. training and development

C. performance appraisal D. job analysis

5. The best title of this passage is ________ .

A. the organizational context of human resource planning

B. aims of human resource planning

C. the labor market context for human resource planning

D. limitations of human resource planning

TWO

"T-group" stands for "training group", which is not a very helpful description. It is also referred to as sensitivity training, group dynamics, and group relations training. T-group has three aims:

(1) To increase sensitivity—the ability to perceive accurately how others are reacting to one's behavior.

(2) To increase diagnostic ability—the ability to perceive accurately the state of relationships between others.

(3) To increase action skill—the ability to carry out the skillful behavior required by the situation.

In a T-group, the trainer will explain the aims of the program and may encourage discussion and contribute his or her own reactions. But he or she does not take a strong lead and the group is largely left to its own devices to develop a structure that takes account of the goals of both the members of the group and the trainer provides a climate where the group members are sufficiently trusting of one another to discuss their own behavior. They do this by giving "feedback" or expressing their reaction to one another. Member may not always accept comments about themselves, but as the T-group develops they will increasingly understand how some aspects of their behavior are hidden to them and will, therefore, be well on the way to an increase in sensitivity, diagnostic ability, and action skill.

Follow-up studies have noted three principle areas of change following the attendance of trainees at an external T-group laboratory:

(1) Increased openness, receptivity, and tolerance of differences.

(2) Increased operational skill in interpersonal relations, with overtones of increased

capacity for collaboration.

(3) Improved understanding and diagnostic awareness of self, others, and interactive processes in groups.

T-groups have been attacked because of the possibility of negative or detrimental effects. But none of the follow-up studies has detected any significant problems. A more valid basis for doubt is that it has been difficult to prove that they have been cost effective for organizations who have used them on company or have strongly supported external programs.

This criticism could be leveled at any other form of group training or, indeed, most off-the-job training. The degree to which it can be invalidated will depend on the effectiveness of the training design and of the trainer.

T-group laboratories in their purest form are unlikely ever to become a major part of company training programs, but the group dynamics approach has valid uses in the modified forms.

1. This article might most likely be extracted from the paper about ________ .

A. human resource planning

B. performance evaluation

C. international human resource management

D. training and development

2. "T-group" is referred to as the following except ________ .

A. sensitivity training B. on-the-job training

C. group dynamics D. group relations training

3. The author of this passage would most likely agree that ________ .

A. in a T-group, the trainer will take a strong lead

B. in a T-group, members may always accept comments about themselves

C. in a T-group, the trainer should provide a climate where the group members are sufficiently trusting of one another to discuss their own behaviors

D. in a T-group, members don't express their reaction to one another

4. According to the passage, ________ which of the following is not the principle areas of change following the attendance of trainees at an external T-group laboratory.

A. poor effectiveness of the training design

B. improved understanding and diagnostic awareness of self and others

C. increased openness, receptivity, and tolerance of differences

D. increased operational skill in interpersonal relations

5. From this passage, we can infer that ________ .

A. T-group laboratories are likely be used as a major part of training programs by company

B. there is no criticism on T-group laboratories

C. if T-group laboratories are modified well, it has also valid uses

D. T-group laboratories have no use for company

THREE

Multiperson comparisons evaluate one individual's performance against one or more others. It is a relative rather than an absolute measuring device. The three most popular comparisons are group order ranking, individual ranking, and paired comparisons.

The group order ranking requires the evaluator to place employees into a particular classification, such as top one-fifth or second one-fifth. This method is often used in recommending students to graduate schools. Evaluators are asked to rank the student in the top five percent, the next five percent, the next fifteen percent, and so forth. But when used by managers to appraise employees, managers deal with all their subordinates. Therefore, if a rater has twenty subordinates, only four can be in the top fifth and, of course, four must also be relegated to the bottom fifth.

The individual ranking approach rank orders of employees from best to worst. If the manager is required to appraise thirty subordinates, this approach assumes that the difference between the first and second employee is the same as that between the twenty-first and twenty-second. Even though some of the employees may be closely grouped, this approach allows for no ties. The result is a clean ordering of employees, from the highest performer down to the lowest.

The paired comparison approach compares each employee with every other employee and rates each as either the superior or the weaker member of the pair. After all paired comparisons are made, each employee is assigned a summary ranking based on the number of superior scores he or she achieved. This approach ensures that each employee is compared against every other, but it can obviously become unwieldy when many employees are being compared.

Multiperson comparisons can be combined with one of the other methods to blend the best from both absolute and relative standards. For example, a college might use the graphic rating scale and the individual ranking method to provide more accurate information about its students' performance. The A, B, C, D, or E. A prospective employer or graduate school could then look at two students who each got a "B" in their different financial accounting courses and draw considerably different conclusions about each where next to one grade it says "ranked fourth out of twenty-six", while the other says "ranked seventeenth out of thirty". Obviously, the latter instructor gives out a lot more high grades!

1. Multiperson comparisons is a(an) ________ measuring device.

   A. absolute B. relative C. accurate D. false

2. According to the passage, there are three most popular comparisons except ________.

   A. group order ranking B. individual ranking

   C. graphic rating scales D. paired comparisons

3. From this passage, we can infer that ________.

   A. recommending students to graduate schools often use individual ranking

   B. the paired comparison approach assumes that the difference between the first and second employee is same

   C. group order ranking ensures that each employee is compared against every other

   D. each method of multiperson comparisons can be used simultaneously

4. The following statements about individual ranking are false except ________.

   A. it rank orders of employees from the lowest performer up to the highest

   B. the result is a clean ordering of employees

   C. it assumes that the difference between the first and second employee is different

   D. this approach allows for some of the employees who may be closely grouped

5. This article might be extracted from the paper about ________.

   A. performance appraisal B. recruitment and replacement

   C. training and development D. reward systems

FOUR

Flexible benefits allow employees to pick and choose from among a menu of benefit options. The idea is to allow each employee to choose a benefit package that is individually tailored to his or her own needs and situation. They replace the traditional "one-benefit-plan-fits-all" programs that have dominated organizations for fifty years.

The average organization provides fringe benefits worth approximately forty percent of an employee's salary. But traditional benefit programs were designed for the typical employee of the 1950s—a male with a wife and two children at home. Less than ten percent of employees now fit this stereotype. Twenty-five percent of today's employees are single and a third are part of two-income families without any children. As such, these traditional programs don't tend to meet the needs of today's more diverse workforce. Flexible benefits, however, do meet these diverse needs. An organization sets up a flexible spending account for each employee, usually based on some percentage of his or her salary, and then a price tag is put on each benefit. Options might include inexpensive medical plans with high deductibles; expensive medical plans with low or no deductibles; hearing, dental, and eye coverage; vacation options; extended disability; a variety of savings and pension plans; life insurance; college tuition reimbursement plans; and extended vacation time. Employees then select benefit options until they have spent the dollar amount in their account.

Giving all employees the same benefits assumes all employees have the same needs. Of course, we know this assumption is false. So flexible benefits turn the benefits' expenditure into a motivator.

Consistent with expectancy theory's thesis that organizational rewards should be linked to each individual employee's goals, flexible benefits individualize rewards by allowing each employee to choose the compensation package that best satisfies his or her current needs. That flexible benefits can turn the traditional homogeneous benefit program into a motivator was demonstrated at one company: Eighty percent of the organization's employees changed their benefit packages when a flexible plan was put into effect.

1. Organizations had been using the "one-benefit-plan-fits-all" programs for ________ years.

A. 30　　B. 40　　C. 50　　D. 60

2. According to the passage, ________ of today's employees are single and ________ are part of two-income families without any children.

A. 1/4　1/3　　B. 1/3　1/4　　C. 1/5　1/3　　D. 1/4　1/2

3. Benefit options employees can select include the following except ________.

A. inexpensive medical plans with high deductibles

B. expensive medical plans with high deductibles

C. a variety of savings and pension plans

D. college tuition reimbursement plans

4. The author of this passage would most likely agree that ________.

A. the "one-benefit-plan-fits-all" programs assumes all employees have different needs

B. this assumption all employees have the same needs is true

C. flexible benefits are inconsistent with expectancy theory's thesis

D. flexible benefits turn the benefits' expenditure into a motivator

5. From this passage, we can infer that ________.

A. the domination of "one-benefit-plan-fits-all" programs has been replaced by flexible benefits

B. the domination of "one-benefit-plan-fits-all" programs will be replaced by flexible benefits

C. employees can select benefit options when they have spent the dollar amount in their account

D. the traditional benefit programs are designed for the typical employees who belong to two-income families without any children

FIVE

A training or a learning specification is a product of job analysis. It breaks down the broad duties contained in the job description into the detailed tasks that must be carried out. It then sets out the characteristics or attributes that the individual should have in order to perform these tasks successfully. These characteristics are:

(1) knowledge—what the individual needs to know. It may be professional, technical or commercial knowledge. Or it may be about the commercial, economic or market environment; the machines to be operated; the materials or equipment to be used or the procedures to be followed; or the customers, clients, colleagues and subordinates he or she is in contact with and the factors that affect their behavior. Or it may refer to the problems that occur and how they should be dealt with.

(2) skills—what the individual needs to be able to do if results are to be achieved and knowledge is to be used effectively. Skills are built progressively by repeated training or other experience. They may be manual, intellectual or mental, perceptual or social.

(3) competences—the behaviors' competences needed to achieve the levels of performance required.

(4) attitudes—the disposition to behave or to perform in a way that is in accordance with the requirements of the work.

(5) performance—standards what the fully competent individual has to be able to achieve.

1. A training or a learning specification is a product of ________ .

A. job structure B. job evaluation C. job design D. job analysis

2. According to this passage, ________ isn't the characteristic or attribute that the individual should have in order to perform the task successfully.

A. knowledge B. mental ability C. competences D. attitudes

3. According to this passage, the knowledge that the individual should have in order to perform the task successfully may include the following except ________ .

A. professional, technical or commercial knowledge

B. knowledge about the commercial, economic, or market environment

C. knowledge about the job description

D. the problems that occur and how they should be dealt with

4. From this passage, we can infer that ________ .

A. in order to perform tasks successfully, individuals need know more than their professional knowledge

B. in order to perform tasks successfully, skills that the individual should have are built only by repeated training

C. in order to perform tasks successfully, the disposition to behave or to perform in a way needn't be in accordance with the requirements of the work

D. in order to perform tasks successfully, performance standards should be based on what the average individual has to be able to achieve

5. The best title of this passage is ________ .

A. job analysis

B. training or learning specification

C. job description

D. performance standards

SIX

What kind of practices would characterize an organization that understood the value of career development? The following summarizes a few of the more effective practices.

There is an increasing body of evidence indicating that employees who receive especially challenging job assignments early in their careers do better on later jobs. More specifically, the degree of stimulation and challenge in a person's initial job assignment tends to be significantly related to later career success and retention in the organization. Initial challenges, particularly if they are successfully met, stimulate a person to perform well in subsequent years.

To provide information to all employee about job openings, job opportunities should be posted. Job postings list key job specification data—abilities, experience, and seniority requirements to qualify for vacancies—and are typically communicated through bulletin board displays or organizational publications.

One of the most logical parts of career development is career counseling. An effective program will cover the following issues with employees:

(1) the employee's career goals, aspirations, and expectations for five years or longer.

(2) Opportunities available within the organization and the degree to which the

employee's aspirations are realistic and match the opportunities available.

(3) Identification of what the employee would have to do in the way of further self-development to qualify for new opportunities.

(4) Identification of the actual next steps in the form of plans for new development activities or new job assignments that would prepare the employee for further career growth.

Organizations can offer group workshops to facilitate career development. By bringing together groups of employees with their supervisors and managers, problems and misperceptions can be identified and, it is hoped, resolved. These workshops can be general, or they can be designed to deal with problems common to certain groups of employees-new members, minorities, older workers, and so forth.

Periodic job changes can prevent obsolescence and stimulate career growth. The changes can be lateral transfers, vertical promotions, or temporary assignments. The important element in periodic job changes is that they give the employee a variety of experience that offer diversity and new challenges.

1. According to the passage, ________ isn't key job specification data listed in job postings.

A. abilities   B. experience   C. knowledge

D. seniority requirements to qualify for vacancies

2. An effective career counseling program will cover the following issues with employees except ________ .

A. the employee's career goals

B. opportunities available from outside the organization

C. the degree to which the employee's aspirations are realistic

D. the employee's career expectations for five years or longer

3. About group workshops, the statement ________ is true.

A. group workshops can facilitate career development

B. group workshops can't resolve problems and misperceptions

C. group workshops can be general

D. group workshops can be designed to deal with problems common to certain groups of new members

4. The author of this passage would most likely agree that ________ .

A. there is little evidence indicating that employees who receive challenging job assignments early in their careers do better on later jobs

B. initial challenges that aren't successfully met can stimulate a person to perform well in next years

C. temporary assignments can't stimulate career growth

D. periodic job changes can prevent obsolescence

5. The main topic about this passage is ________ .

A. effective career development practices

B. group workshops

C. periodic job changes

D. effective career counseling program

SEVEN

Although the notion of human resource planning is well established in the HRM vocabulary, it does not seem to be commonly practiced as a key HR activity. As Rothwell (1995) suggests, "apart from isolated examples, there has been little research evidence of increased use or of its success". She explains the gap between theory and practice as arising from:

(1) The impact of change and the difficulty of predicting the future— "the need for planning may be in inverse proportion to its feasibility".

(2) The "shifting kaleidoscope" of policy priorities and strategies within organizations.

(3) The distrust displayed by many managers of theory or planning—they often prefer pragmatic adaptation to conceptualization.

(4) The lack of evidence that human resource planning works.

Be that as it may, it is difficult to reject out of hand the belief that some attempt should be made broadly to forecast future human resource requirements as a basis for planning and action. On the basis of research conducted by the Institute for Employment Studies, Reilly (1999) has suggested a number of reasons why organizations choose to engage in some forms of human resource planning. These fall into the following three groups.

(1) Planning for substantive reasons, that is, to have a practical effect by optimizing the use of resources and /or making them more flexible, acquiring and nurturing skills that take time to develop, identifying potential problems and minimizing the chances of making a bad decision.

(2) Planning because of the process benefits, which involves understanding the present in order to confront the future, challenging assumptions and liberating thinking, making explicit decisions which can later be challenged, standing back and providing an overview, and ensuring that long-term thinking is not driven out by short-term focus.

(3) Planning for organizational reasons, which involves communicating plans so as to obtain support/adherence to them, linking HR plans to business plans so as to influence them, regaining corporate control over operating units, and coordinating and integrating organizational decision-making and actions.

1. According Rothwell (1995), the gap between human resource planning theory and practice arised from the following except ________ .

A. the impact of change and the difficulty of predicting the future

B. the dramatic change of policy priorities and strategies within organizations

C. the distrust displayed by many managers of theory or planning

D. the redundance of evidence that human resource planning works

2. According to the passage, ________ is true.

A. the definition of human resource planning is not well established

B. Rothwell (1995) suggests there has been no example of success about human resource planning

C. human resource planning does not seem to be commonly practiced as a key HR activity

D. the gap between human resource planning theory and practice is very small

3. Reilly (1999) has suggested a number of reasons why organizations choose to engage in some forms of human resource planning, but ________ is not included.

A. planning has a theoritical effect by optimizing the use of resources

B. planning can be used to identify potential problems and minimize the chances of making a bad decision

C. planning involves understanding the present in order to confront the future

D. planning for organizational reasons

4. About the human resource planning process benefits, the author of this passage might disagree that ________ .

A. it can challenge assumptions

B. it can minimize the chances of making a bad decision

C. it can liberate thinking

D. it can ensuring that long-term thinking is not driven out by short-term focus

5. From this passage, we can infer that ________ .

A. we should forecast future human resource requirements as a basis for planning and action

B. there is no evidence that human resource planning works

C. there is no use for human resource planning

D. there is no organizational reasons for human resource planning

EIGHT

Jackson and Bak (1998) suggest that motivation of Chinese workers can be understood in terms of Katz and Kahn's (1978) categorization of "rule enforcement" "external rewards" and "internalized motivation", as follows.

Rules and role prescriptions may be regarded as a form of role protection in the Chinese context, with job descriptions carrying little motivational content in terms of tasks or objectives to be achieved, but acting as an insurance against being asked to take on additional and unknown duties and against being overworked and avoiding the risk of punishment.

China's economic reformers have used material incentives in order to stimulate performance and there is evidence that money is important in China as a motivator, as individual bonuses have existed in China since 1978 and performance-related bonus incentives schemes since 1983. However, there has been a tendency towards low differentiation of pay in an egalitarian reward system, reflecting a need to minimize competition and foster harmony in the workplace: a reflecting of a strongly collectivist culture. Limited pay differentials are often based on length of service. State enterprise employees' wage structures are extremely complex and based on a whole number of different subsidies, bonuses and allowances. Employees may be reluctant to leave this type of system for a less socially supportive one as there is an expectation that the enterprise will take care of employees through housing and other social benefits, which must have a strong loyalty effect.

A major source of internalized motivation in China has been political indoctrination and campaigning, including "emulation campaigns" in communist China involving "labor heroes" in an attempt to appeal to high performers who might otherwise feel inhibited to perform in an exemplary manner in an egalitarian culture. In a related way Japanese companies in China send their best workers to Japan in order to learn from example and from being exposed to a foreign culture and encourage a willingness to change. Building a sense of belongingness and loyalty in Chinese workers creates a good opportunity to develop internalized motivation from developing corporate identity through a strong organizational culture. New patterns of behavior (including creativity and innovation) could be encouraged by emulation, both in the workplace and on training courses in China and, where appropriate (particularly for managerial and supervisory staff who can act as role models) abroad.

1. According Jackson and Bak (1998), motivations of Chinese workers include the

following except ________ .

A. rule enforcement
B. external rewards
C. internalized enforcement
D. internalized motivation

2. The statement ________ is false.

A. material incentives have been used to stimulate performance in China
B. money is important in China as a motivator
C. individual bonuses have existed in China since 1978
D. performance-related bonus incentives schemes have existed in China since 1980

3. A tendency towards low differentiation of pay in China reflects the following except ________ .

A. a need to minimize competition
B. a need to foster harmony in the workplace
C. a strongly collectivist culture
D. a strongly individualist culture

4. About the internalized motivation in China, the author might most likely disagree that ________ .

A. a major source of internalized motivation in China has been political indoctrination and campaigning
B. "labor heroes" can't appeal to high performers
C. developing corporate identity can help to develop internalized motivation
D. a weak organizational culture can't help to develop internalized motivation

5. The main topic of this article might be ________ .

A. motivation of Chinese workers
B. rewards system for Chinese workers
C. internalized motivation of Chinese workers
D. external rewards system for Chinese workers

NINE

Human resource planning, in the broader meaning of the term, is one of the fundamental strategic roles of the HR function. HR can make a major contribution to developing the resource capability of the firm and therefore its strategic capability by systematically reviewing the firm's strategic objectives and by ensuring that plans are made that will ensure that the human resources are available to meet those objectives. Thus HR is focusing on the acquisition and development of the human capital required by the organization.

To make this contribution, heads of HR and their colleagues in the HR function need to:

(1) Ensure that they are aware of the strategic plans of the business and can provide advice on the human resource implications of those plans;

(2) Point out to management the strengths and weakenesses of the human resources of the organization, and the opportunities and treats they present, so that these can be considered when developing business plans;

(3) Be capable of scenario planning in the sense that they can identify future issues concerning the acquisition, retention and employment of people and advise on methods of addressing those issues;

(4) Understand the extent to which quantitative assessments of the future demand for and supply of people may be feasible and useful, and know the methods that can be used to prepare such forecasts;

(5) Understand how to analyze the cost of labor turnover and to establish reasons for leaving;

(6) Be aware of the scope to deal with future requirements by introducing various forms of flexibility;

(7) Be capable of preparing relevant and practical resourcing plans and strategies for retaining people, based upon an understanding of the internal and external environment of the organization and the implications of analyses of labor turnover.

1. In the broader meaning of the term, human resource planning plays a (an) ________ in the HR function.

A. strategic role　B. tactical role　C. objective role　D. no role

2. ________ isn't the one by which HR can make a major contribution to developing the resource capability of the firm and its strategic capability.

A. By systematically examining the firm's strategic objectives

B. By ensuring that plans will ensure the available human resources to meet the firm's strategic objectives

C. By focusing on the acquisition and development of the people required by the organization

D. By focusing on firing and outplacing the redunant employees

3. To make a major contribution to developing the resource capability of the firm and its strategic capability, staff of HR need to do the following except ________ .

A. ensure that they learn the strategic plans of the business

B. point out to management the advantages and disadvantages of the human resources of the organization

C. be aware of the scope to deal with existing requirements by introducing various forms of flexibility

D. be capable of preparing relevant and practical resourcing plans and strategies for retaining people

4. From the passage, we can't infer that ________ .

A. human resource planning is one of the HR function

B. HR can make a major contribution to developing the resource capability of the firm and therefore its strategic capability without HR planning

C. it is the task of all staff of HR to develop the resource capability of the firm and therefore its strategic capability

D. to develop the resource capability of the firm and therefore its strategic capability, HR must be focus on the acquisition and development of the human capital required by the organization

5. The main topic of this passage is ________ .

A. the contribution of HR to human resource planning

B. the contribution of human resource planning to HR

C. the contribution of HR

D. the contribution of human resource planning

TEN

Coaching is a personal on-the-job technique designed to develop individual skills, knowledge, and attitudes. The term is usually reserved for management or supervisory training where informal but planned encounters take place between managers and subordinates.

The agenda for such meetings may be based on a performance review system, which includes some elements of management or objectives or target setting. This would identify strengths to be developed or weaknesses in performance to be overcome, and the counseling sessions that should be part of the performance review process would indicate career development needs and the additional knowledge or skills that can be acquired on the job.

Coaching is even more effective if it can take place informally as part of the normal process of management. This type of coaching, as suggested by Hawdon Hague, consists of:

(1) Making a subordinate aware of how he or she is managing by, for example, asking questions on how well he or she has thought through what is being done.

(2) Controlled delegation.

(3) Using whatever situations arise as teaching opportunities.

(4) Setting individual projects and assignments.

(5) Spending time in looking at higher level problems as well as discussing the immediate job.

Coaching may be informal, but it has to be planned. It is not simply going from time to time to see what a subordinate is doing and advising how to do it better. Neither is it occasionally telling a subordinate where he or she has gone wrong and throwing in a lecture for good measure. So far as possible, coaching should take place within the framework of a general plan of the areas and direction in which the subordinate should be developed.

Coaching should provide motivation, structure, and effective feedback, if the coacher is skilled, dedicated, and able to develop mutual confidence. Its success depends on a clear definition of work and training objectives, and this can be a time-consuming process; ultimately, success depends on managers and supervisors recognizing that it is one of their key responsibilities and they should be encouraged and trained to do it.

1. Coaching is a ________ technique that can be used to develop individual skills, knowledge, and attitudes.

A. on-the-job　　　B. off-the-job

C. web-based training　　　D. classroom training

2. According to the passage, which one of the following satements is true? ________

A. Before coaching, it is unnecessary to review performance.

B. Performance review can identify strengths to be developed, but not weaknesses in performance to be overcome.

C. The performance review process can indicate career development needs.

D. The performance review process can indicate the necessary knowledge or skills that can be acquired on the job.

3. According to Hawdon Hague, types of coaching include the following except ________.

A. making a subordinate aware of how he or she is managing by

B. spending time in discussing the immediate job

C. setting individual projects and assignments

D. spending time in looking at lower level problems

4. According to the passage, the author might most likely agree that ________.

A. coaching is formal

B. coaching has to be planned

C. coaching is going from time to time to see what a subordinate is doing and advising how to do it better

D. coaching is telling a subordinate where he or she has gone wrong and throwing in a lecture for good measure

5. From the passage, we can infer that ________.

A. coaching can provide motivation, structure, and effective feedback, regardless of the coacher's skill, dedication, and ablility to develop mutual confidence

B. the success of coaching needn't be based on the definition of work and training objectives

C. defining work and training objectives can be a time-consuming process

D. if managers and supervisors don't recognize that coaching is one of their key responsibilities, coaching can still succeed

ELEVEN

The labor turnover index (sometimes referred to as employee or labor wastage index) is the traditional formula for measuring wastage. It has been described by the CIPD as the "crude wastage method". It is calculated as follows:

Number of leavers in a specified period (usually 1 year)×100

Average number of employees during the same period.

This method is commonly used because it is easy to calculate and to understand. For human resource planning purposes, it is a simple matter to work out that if a company wanted to increase its workforce by 50 people from 150 to 200 but the labor turnover rate is 20 percent (a loss of 30 people), then if this trend continues, the company would have to recruit 90 employees during the following year in order to increase and to hold the workforce at 200 in that year (50 extra employees, plus 40 to replace the 20 percent wastage of the average 200 employees employed). It can also be used to make comparisons with other organizations that will typically adopt this method.

This wastage formula may be simple to use but it can be misleading. The main objection to the measurement of turnover in terms of the proportion of those who leave in given period is that the figure may be inflated by the high turnover of a relatively small proportion of the workforce, especially in times of heavy recruitment. Thus, a company employing 150 people might have had an annual wastage rate of 20 percent, meaning that 30 jobs had become vacant during the year. But this could have been spread throughout the company, covering all occupations and long—as well as short—service employees. Alternatively, it could have been restricted to a small sector of the workforce-only 20 jobs might have been affected although each of these had to be filled 10 times during the year. These are totally different situations, and unless they are understood, inaccurate forecasts would be made of future requirements and inappropriate actions would be taken to deal with the problem. The turnover index is also suspect if the average number of employees upon which the percentage is based is unrepresentative of recent trends because of considerable increases or decreases during the period in the numbers employed.

1. The aim of the labor turnover index is to ________ .

A. measure labor turnover

B. analyze the reasons of labor turnover

C. measure costs of labor turnover

D. analyze the significance of labor turnover

2. If a company has 500 people and its labor turnover rate is 20 percent in a specified period, the labor turnover index of the company is ________ .

A. 0.2　　B. 2　　C. 20　　D. 200

3. If a company want to increase its workforce from 400 to 500 but the labor turnover rate is 10 percent (a loss of 40 people), then if this trend continues, the company has to recruit ________ employees during the following year.

A. 100　　B. 140　　C. 150　　D. 200

4. ________ isn't the reason that the labor turnover index can be misleading.

A. The figure may be inflated by the high turnover

B. The labor turnover rate of every occupation may be different

C. The average number of employees upon which the percentage is based is unrepresentative of recent trends

D. The labor turnover index is too simple

5. According to the passage, the author might most likely disagree that ________ .

A. the labor turnover index is an traditional method for measuring labor turnover

B. the labor turnover index is commonly used because the calculation is accurate

C. the labor turnover index can be comparied with the one of other organizations

D. the labor turnover index can be criticized

TWELVE

The discovery method is a style of teaching that allows the pupil to learn by finding out principles and relationships for himself or herself. The essence of the method is that the training designer thinks out the progression of problems the trainee is required to solve, relates this progression to the capacity of the trainees, and ensures that learning is based on intrinsic rather than extrinsic factors. In other words, the trainee does not need to rely on previous knowledge and experience, nor does he or she depend on outside assistance (that is, extrinsic factors). The learning, however, is not a random process. The trainee progresses through a series of planned steps, using the intrinsic information provided at each stage.

The best results from a discovery training techniques are achieved with middle-aged and older learners and on tasks that demand the development of concepts and understanding. The three main advantages of the method are:

(1) Motivation—the adult is more motivated toward discovery learning because he or she is involved from the start and involved on his or her own terms.

(2) Control—the discovery method reveals the trainee's progress and level of understanding to the instructor and enables easier control to be exercised over performance.

(3) Retention—learning from experience is easier for adults than learning from words; there is no stress on memorizing, hence this sort of learning is remembered.

The main disadvantage of the discovery method is that it has to be especially designed for limited groups. A further disadvantage is that its benefits are not as evident in the short term as more conventionally based training systems. But where real understanding and retention of knowledge about the whole job are required for older trainees or people undergoing retraining, the discovery method has a lot to offer.

1. By reading this passage, you think the discovery method should be a (an) ________ training technique.

A. on-the-job　　B. off-the-job

C. on-the-job or off-the-job　　D. classroom

2. According to the passage, which one of the following statements about the discovery method is false? ________

A. It allows the pupil to learn by finding out principles and relationships for him or herself.

B. The training designer should relate the progression of problems required to solve to the capacity of the trainees.

C. The training designer should ensure that learning is based on extrinsic rather than intrinsic factors.

D. The learning is a planned process.

3. The main advantages of the discovery method include the following except ________.

A. the trainee is more motivated toward discovery learning

B. the discovery method reveals the trainee's progress and level of understanding to the instructor

C. learning from experience is easier than learning from words

D. there is a little stress on memorizing

4. According to the passage, ________ isn't the disadvantage of the discovery method.

A. it has to be especially designed for limited groups

B. its benefits are not very evident in the short term

C. it will take a long time to get its result

D. it is only applicable to middle-aged and older learners

5. This passage might be extracted from the paper about ________.

A. training　　B. performance appraisal

C. selection　　D. replacement

THIRTEEN

Many promotable candidates are originally hired through college recruiting. This is therefore an important source of management trainees, as well as of professional and technical employees.

There are two main problems with on-campus recruiting. First, it is relatively expensive and time-consuming for the recruiters. Schedules must be set well in advance, company brochures printed, records of interviews kept, and much recruiting time spent on campus. Second, recruiters themselves are sometimes ineffective, or worse. Some recruiters are unprepared, show little interest in the candidate, and act superior. Many recruiters also don't effectively screen their student candidates. For example, students' physical attractiveness often outweighs other more valid traits and skills. Some recruiters also tend to assign females to "female-type" jobs and males to "male-type" jobs. Such findings underscore the need to train recruiters before sending them to the campus.

You have two goals as a campus recruiter. Your main function is screening, which means determining whether a candidate is worthy of further consideration. Exactly which traits you look for will depend on your specific recruiting needs. Traits to assess include motivation, communication skills, education, appearance, and attitude.

While your main function is to find and screen good candidates, your other aim is to attract them to your firm. A sincere and informal attitude, respect for the applicant as an individual, and prompt follow-up letters can help you to sell the employer to the interviewee.

1. College recruiting is an important source of the following people except ________.

A. management trainees　　B. management trainers

C. professional employees　　D. technical employees

2. Which of the following isn't the weakness of college recruiting? ________

A. It is relatively expensive.
B. It is relatively time-consuming.
C. It is sometimes ineffective.
D. Its main function is screening.

3. According to the passage, goals of a campus recruiter include the following except ________.

A. screening
B. determining whether a candidate is worthy of further consideration
C. printing company brochures
D. attracting candidates to your firm

4. According to the passage, the author might most likely agree that ________.

A. college recruiting can find and screen many good candidates
B. there is no problem with college recruiting
C. it is unnecessary to train recruiters before college recruiting
D. it isn't the goal of a campus recruiter to sell the employer to the interviewee

5. This passage mainly discussed ________.

A. the problems and goals of college recruiting
B. the problems of college recruiting
C. the goals of college recruiting
D. the methods of college recruiting

FOURTEEN

How do we evaluate an employee's performance? That is, what are the specific techniques for evaluation? The following reviews the major performance evaluation methods.

WRITTEN ESSAYS Probably the simplest method of evaluation is to write a narrative describing an employee's strengths, weaknesses, past performance, potential, and suggestions for improvement. A good or bad appraisal may be determined as much by the evaluator's writing skill as by the employee's actual level of performance.

CRITICAL INCIDENTS Critical incidents focus the evaluator's attention on those behaviors that are key in making the difference between executing a job effectively or ineffectively. That is, the appraiser writes down anecdotes that describe what the employee did that was especially effective or ineffective. The key here is that only specific behaviors, and not vaguely defined personality traits, are cited. A list of critical incidents provides a rich set of examples from which the employee can be shown those behaviors that are desirable and those that call for improvement.

GRAPHIC RATING SCALES One of the oldest and most popular methods of evaluation is the use of graphic rating scales. In this method, a set of performance factors, such as quantity and quality of work, depth of knowledge, cooperation, loyalty, attendance, honesty, and initiative, are listed. The evaluator then goes down the list and rates each on incremental scales.

Why are graphic ratings scales so popular? Though they don't provide the depth of information that essays or critical incidents do, they are less time-consuming to develop and administer. They also allow for quantitative analysis and comparison.

BEHAVIORALLY ANCHORED RATING SCALES Behaviorally anchored rating scales combine major elements from the critical incident and graphic rating scale approaches: the appraiser rates the employees based on items along a continuum, but the points are examples of actual behavior on the given job rather than general description or traits.

Behaviorally anchored rating scales specify definite, observable, and measurable job behavior. Examples of job-related behavior and performance dimensions are found by asking participants to give specific illustrations of effective and ineffective behavior regarding each performance dimension. These behavioral examples are then translated into a set of performance dimensions, each dimension having varying levels of performance.

MULTIPERSON COMPARISONS Multiperson comparisons evaluate one individual's performance against one or more others. It is a relative rather than an absolute measuring device. The three most popular comparisons are group order ranking, individual ranking, and paired comparisons.

1. Written essays usually describe the following except ________ .
   A. an employee's strengths
   B. an employee's weaknesses
   C. an employee's past behavior
   D. an employee's suggestions for improvement
2. About graphic rating scales, the statement ________ is false.
   A. they are popular methods of evaluation that have been used for a long time
   B. they will list a set of performance factors
   C. they will provide the depth of information that essays or critical incidents do
   D. they allow for quantitative analysis and comparison
3. About behaviorally anchored rating scales, the author would most likely disagree that ________ .
   A. they are a mixture of the critical incident and graphic rating scale approaches
   B. they specify definite, observable, and measurable job behavior
   C. participants must give specific illustrations of effective and ineffective behavior regarding each performance dimension

D. the behavioral examples will be translated into a set of performance dimensions, each dimension having fixed levels of performance

4. According to the article, multiperson comparisons can be divided into three categories, but ________ isn't included in these categories.

A. group order ranking
B. whole organization ranking
C. individual ranking
D. paired comparisons

5. The article might be extracted from the paper about ________ .

A. performance evaluation
B. HR planning
C. HR and law
D. reward system

FIFTEEN

In collective bargaining, an impasse occurs when the parties are not able to move further toward settlement. An impasse usually occurs because one party is demanding more than the other will offer. Sometimes an impasse can be resolved through a third party, a disinterested person such as a mediator or arbitrator. If the impasse is not resolved in this way, a work stoppage, or strike, may be called by the union to bring pressure to bear on management.

Three types of third-party interventions are used to overcome an impasse: mediation, fact-finding, and arbitration. With mediation a neutral third party tries to assist the principals in reaching agreement. The mediator usually holds meetings with each party to determine where each stands regarding its position, and then this information is used to find common ground for further bargaining. The mediator is always a go-between. As such, he or she communicates assessments of the likelihood of a strike, the possible settlement packages available, and the like. The mediator does not have the authority to fix a position or make a concession.

In certain situations as in a national emergency dispute where the president of the United States determines that it would be a national emergency for a strike to occur, a fact-finder may be appointed. A fact-finder is a neutral party who studies the issues in a dispute and makes a public recommendation of what a reasonable settlement ought to be. For example, presidential emergency fact-finding boards have successfully resolved impasses in certain critical transportation disputes.

Arbitration is the most definitive type of third-party intervention, since the arbitrator often has the power to determine and dictate the settlement terms. Unlike mediation and fact-finding, arbitration can guarantee a solution to an impasse. With binding arbitration, both parties are committed to accepting the arbitrator's award. With non-binding arbitration, they are not. Arbitration may also be voluntary or compulsory (in other words, imposed by a government agency). In the United States, voluntary binding arbitration is the most prevalent.

1. About an impasse in collective bargaining, the statement that ________ is false.

A. an impasse occurs when the parties are not able to reach an agreement

B. an impasse usually occurs when one party is demanding more than the other will offer

C. an impasse can be resolved through a mediator or arbitrator

D. if the impasse is not resolved, the union can't bring pressure to bear on management

2. The types of third-party interventions which can be used to overcome an impasse include the following except ________ .

A. arbitration B. fact-finding C. strike D. mediation

3. From this passage, we can't draw a conclusion on the mediator that ________ .

A. the mediator tries to assist the principals in reaching agreement

B. the mediator usually holds meetings with each party to determine where each stands regarding its position

C. the mediator is always a go-between

D. the mediator has the authority to fix a position or make a concession

4. According to the passage, we can infer that ________ .

A. the president of the United States has the right to determine that a national emergency dispute would be a national emergency for a strike to occur

B. the arbitrator has no right to determine and dictate the settlement terms

C. mediation and fact-finding can also ensure a solution to an impasse

D. in the United States, compulsory binding arbitration is the most popular

5. The best title for the passage might be ________ .

A. third-party interventions B. impasse

C. impasse and third-party interventions D. arbitration and mediation

SIXTEEN

What work-related variables determine job satisfaction? An extensive review of the literature indicates that the more important factors conducive to job satisfaction include mentally challenging work, equitable rewards, supportive working conditions, and supportive colleagues.

MENTALLY CHALLENGING WORK Employees tend to prefer jobs that give them opportunities to use their skills and abilities and offer a variety of tasks, freedom, and feedback on how well they are doing. These characteristics make work mentally challenging. Jobs that have too little challenge create boredom, conditions of moderate challenge, most employees will experience pleasure and satisfaction.

EQUITABLE REWARDS Employees want pay systems and promotion policies that they perceive as being just, unambiguous, and in line with their expectations. When pay is seen as fair based on job demands, individual skill level, and community pay standards, satisfaction is likely to result. Of course, not everyone seeks money. Many people willingly accept less money to work in a preferred location or in a less demanding job or to have greater discretion in the work they do and the hours they work. But the key in linking pay to satisfaction is not the absolute amount one is paid; rather, it is the perception of fairness. Similarly, employees seek fair promotion policies and practices. Promotions provide opportunities for personal growth, more responsibilities, and increased social status. Individuals who perceive that promotion decisions are made in a fair and just manner, therefore, are likely to experience satisfaction from their jobs.

SUPPORTIVE WORKING CONDITIONS Employees are concerned with their work environment for both personal comfort and facilitating doing a good job. Studies demonstrate that employees prefer physical surroundings that are not dangerous or uncomfortable. Temperature, light, noise, and other environmental factors should not be at either extreme—for example, having too much heat or too little light. Additionally, most employees prefer working relatively close to home, in clean and relatively modern facilities, and with adequate tools and equipment.

DON'T FORGET THE PERSONALITY-JOB FIT! We have presented Holland's personality-job fit theory. As you remember, one of Holland's conclusions was that high agreement between an employee's personality and occupation results in a more satisfied individual. His logic was essentially this: people with personality types congruent with their chosen vocations should find that they have the right talents and abilities to meet the demands of their jobs; are thus more likely to be successful on those jobs; and, because of this success, have a greater probability of achieving high satisfaction from their work. Studies to replicate Holland's conclusions have been almost universally supportive. it's important, therefore, to add this to our list of factors that determine job satisfaction.

1. A lot of researches suggest that the more important factors conduced to job satisfaction shouldn't include ________ .

A. mentally challenging work　　B. equal rewards

C. supportive working conditions　　D. personality-job fit

2. According to the passage, the characteristics made work mentally challenging include the following except ________ .

A. giving employees opportunities to use their skills and abilities

B. offering a variety of tasks and freedom

C. offering feedback on how well employees are doing

D. giving employees opportunities to gain more payments

3. About equitable rewards, the author might most likely agree that ________ .

A. when pay is seen as fair, satisfaction must be caused

B. everyone seeks money

C. the key in linking pay to satisfaction is the absolute amount one is paid

D. employees seek fair promotion policies and practices

4. About personality-job fit, the statement that ________ is false.

A. personality-job fit theory was found by Holland

B. holland concluded that high agreement between an employee's personality and occupation results in more satisfaction

C. people with personality types congruent with their chosen vocations should find that they needn't be more likely to be successful on their jobs

D. success can help to achieve high satisfaction

5. The best title for this passage might be ________ .

A. how do we measure job satisfaction

B. are most workers today satisfied with their jobs

C. what determines job satisfaction

D. what is job satisfaction's effect on employee productivity

SEVENTEEN

Japanese management gives a great deal of attention to orientation and training, which is particularly true in the case of regular employees. Pre-employment education generally starts immediately after the person is chosen. The purpose of the program is to (a) familiarize the student with the company; (b) monitor the person's activities; (c) make the student comfortable with the company; (d) answer questions the person might have; and (e) provide the new hirers with any basic skills training the company feels their require.

The appraisal and compensation system is long-term in orientation and is based on rewarding people for doing a good job over an extended period of time. In the United States employees commonly receive an annual appraisal that indicates whether or not they are doing a good job and, if not, provides feedback related to improving performance or seeking employment elsewhere. In Japan the initial appraisal is typically given at the end of a 7～10 year period. At this point the person learns whether or not he or she is going to be promoted up the ranks of management or not. Those who fail this first major evaluation know that their chances of making the top management ranks are virtually nil.

Compensation in Japan used to be based heavily on seniority, but today merit is becoming more important. In many industries the annual raise is in the 2～4 percent range and often is based heavily on merit factors such as attitude, ability, and cooperativeness. Another feature that distinguishes the Japanese system from many others is the semiannual bonus or wage allowance. This bonus is separate from the annual wage increase and, usually without exception, is paid every year regardless of the state of the economy. The bonus is typically equivalent to 5～6 months' salary and is paid in midsummer and at the end of the year. Other forms of compensation include housing allowances, daily living support for transportation, meals, uniforms, health care, and cultural and recreational benefits.

1. The purposes of pre-employment education in Japan don't include ________ .
   A. familiarizing the student with the company
   B. monitor the person's activities
   C. make the student comfortable with the company
   D. provide the new hirers with any knowledge and skills
2. The appraisal and compensation system in Japan is based on ________ .
   A. rewarding people for doing a good job over an extended period of time
   B. rewarding people for doing a good job over a year
   C. rewarding people for doing any job over a long time
   D. rewarding people for doing any job over a year
3. In Japan the initial appraisal is typically given at the end of a ________ year period.
   A. 5～10　　B. 7～10　　C. 10～12　　D. 10～15
4. About compensation in Japan, the author would disagree that ________ .
   A. compensation in Japan are based heavily on merit today
   B. merit factors include attitude, ability, and cooperativeness
   C. the main feature that distinguishes the Japanese system form many others is the semiannual bonus or wage allowance
   D. the semiannual bonus equals to 5～6 months' salary
5. From this passage, we can't conclude that ________ .
   A. in Japan, working for a long time in a company is beneficial to employees

B. the orientation of appraisal and compensation system in Japan is different from the one in the United States

C. in the United States, employees who commonly receive an annual appraisal can't know whether or not they are doing a good job

D. employees in Japan may get housing allowances, daily living support for transportation, meals, uniforms, health care, and cultural and recreational benefits

EIGHTEEN

All employees receive training and development. In the case of newly hired people, for example, on-the-job experience is emphasized. Employees in production firms are shown how the product is manufactured and are then put to work on the line. Workers in sales organizations are taught how the company sells its products and are then sent out into the field. This "hands on" method is fundamental to the Japanese approach and is used wherever they set up operations. In Japan, Sapporo Breweries puts new employees in retail outlets, handling the company's beer and soft drinks and familiarizing them with the competitiveness of the industry. In the United States, Japan's Bridgestone Corporation puts its new employees in retail and service outlets where they are taught to check and repair tires, work in the storage area, and deliver orders. In the latter case, these training techniques help account for the firm's ability to increase its productivity by 65 percent since its acquisition form Firestone Tire & Rubber.

Another common approach, used in Japan, is to house all the new employees in company residences. This time period can be as short as one week or as long as six months. During this time the employees learn and experience social rules, etiquette, human relation, punctuality, and a series of other rules and procedures that they will need to make the transition to company life. These types of programs are designed to provide the desired attitude and teamwork that will be needed on the job.

Regular employees also receive training and development which teaches them how to apply skills to a variety of situations. One of the most common methods is job rotation that results in the workers learning how to do a number of different jobs. This, in turn, allows the company to shift workers to meet fluctuations in production and sales. The method is also viewed as useful in giving employees an overall view of the firm. Training in quality control is another common method and helps account for the high productivity and quality of Japanese-made products. In some cases in overseas operations, foreign managers are taught to speak Japanese. American managers in Japanese-owned firms note that this skill is very helpful if one hopes to advance into the higher levels of management in the United States-based firm. The objective of these training and development programs is to help the employees reach their maximum level of effectiveness.

1. In Japan, ________ will usually receive "hands-on" training and development.
   A. all employees
   B. regular employees
   C. new employees
   D. all employers
2. About Japanese training and development, ________ is false.
   A. Japanese employers emphasize the work experience of new employees
   B. after employees in production firms are shown how the product is manufactured, they will be put to work on the line
   C. after workers in sales organizations are taught how the company sells its products, they will not be sent out into the field
   D. the "hands on" method is used by Japanese employers popularly
3. About housing all the new employees in company residences, the author would disagree that ________ .
   A. the time period might be shorter than one week or longer than ten months
   B. during this time the employees will learn and experience a series of rules and procedures
   C. during this time they must adapt themselves to company life
   D. the aim of these types of programs is to provide the desired attitude and teamwork that will be necessary for the job
4. The purposes of job rotation in Japan include the following except ________ .
   A. helping the workers learn how to do a number of different jobs
   B. allowing the company to shift workers to meet changes in production and sales
   C. giving employees an overall view of the firm
   D. helping the employees reach certain level of effectiveness
5. The best title for this article might be ________ .
   A. training and development in the United States
   B. training and development in Japan
   C. training and development for Japanese newly hired people
   D. training and development for Japanese regular employees

NINETEEN

Bargaining in good faith is the cornerstone of effective labor management relations. It means that both parties communicate and negotiate. It means that proposals are matched with counterproposals and that both parties make every reasonable effort to arrive at an agreement. It does not mean that either party is compelled to agree to a proposal. Nor does it require that either party make any specific concessions.

When is bargaining not in good faith? As interpreted by the NLRB and the courts, a violation of the requirement for good faith bargaining may include the following:

(1) Surface bargaining. This involves merely going through the motions of bargaining without any real intention of completing a formal agreement.

(2) Concession. Although no one is required to make a concession, the court's and NLRB's definitions of good faith suggest that a willingness to compromise is an essential ingredient in good faith bargaining.

(3) Proposals and demands. The NLRB considers the advancement of proposals as a positive factor in determining overall good faith.

(4) Dilatory tactics. The law requires that the parties meet and "confer at reasonable times and intervals". Obviously, refusal to meet at all with the union does not satisfy the positive duty imposed on the employer.

(5) Imposing conditions. Attempts to impose conditions that are so onerous or unreasonable as to indicate bad faith will be scrutinized by the board.

(6) Unilateral changes in conditions. This is viewed as a strong indication that the employer is not bargaining with the required intent of reaching an agreement.

(7) Bypassing the representative. An employer violates its duty to bargain when it refuses to negotiate with the union representative. The duty of management to bargain in good faith involves, at a minimum, recognition that this statutory representative is the one with whom the employer must deal in conducting bargaining negotiations.

(8) Commission of unfair labor practices during negotiations. Such practices may reflect poorly upon the good faith of the guilty party.

(9) Providing information. Information must be supplied to the union, upon request, to enable it to understand and intelligently discuss the issues raised in bargaining.

(10) Bargaining items. Refusal to bargain on a mandatory item (one must bargain over these) or insistence on a permissive item (one may bargain over these) is usually viewed as bad faith bargaining.

1. Bargaining in good faith does not mean that ________ .

A. both parties communicate and negotiate

B. proposals are in line with counterproposals

C. both parties make great effort to reach an agreement

D. either party must agree to a proposal

2. According to the interpretion of the NLRB and the courts, bargaining may be in good faith when ________ .

A. both parties have no real intention of completing a formal agreement

B. both parties are willing to compromise

C. employers refuse to meet with the union

D. both parties attempt to impose unreasonable conditions

3. ________ isn't a positive factor in determining overall good faith.

A. A willingness to compromise　　B. The advancement of proposals

C. Unilateral changes in conditions　　D. Providing information

4. From this passage, we can conclude that ________ .

A. it isn't mandatory to meet and "confer at reasonable times and intervals" for both parties

B. employers can refuse to negotiate with the union representative in order to bargain in good faith

C. commission of unfair labor practices during negotiations may reflect little good faith of the guilty party

D. insistence on a permissive item can bring bargaining in good faith

5. The best title for the passage might be ________ .

A. what is and when is not bargaining in good faith

B. what is bargaining in good faith

C. when is not bargaining in good faith

D. how to bargain in good faith

TWENTY

The objective of HRM resourcing strategies as expressed by Keep (1989) is:

To obtain the right basic material in the form of a workforce endowed with the appropriate qualities, skills, knowledge and potential for future training. The selection and recruitment of workers best suited to meeting the needs of the organization ought to form a core activity upon which most other HRM policies geared towards development and motivation could be built.

The concept that the strategic capability of a firm depends on its resource capability in the shape of people provides the rationale for resourcing strategy. The aim of this strategy is therefore to ensure that a firm achieves competitive advantage by employing more capable people than its rivals. These people will have a wider and deeper range of skills and will behave in ways which will maximize their contribution. The organization attracts such people by being "the employer of choice". It retains them by providing better opportunities and rewards than others, and by developing a positive psychological contract which increases commitment and creates mutual trust. Furthermore, the organization deploys its people in ways which maximize the added value of the supply.

The resourcing strategy should attempt to provide answers to the following questions:

(1) In the light of the business plan, how many people are we likely to need in each of our key operational or functional areas in the short and longer term?

(2) What skills are we likely to need in the future?

(3) Will we be able to meet the needs from our existing resources?

(4) If not, where will be able to find them?

(5) What do we need to do to develop or extend our skills base?

(6) What should we do about identifying people with potential and developing their abilities?

(7) Do we have a problem in attracting or retaining key staff? If so, what do we need to do about it?

(8) Is there scope to make better use of people by increasing employment flexibility?

(9) Is there any danger of downsizing? If so, how are we going to deal with it?

These components of resourcing strategy are:

(1) Resourcing plans—preparing plans for finding people from within the organization and/or for training programs to help people learn new skills. If needs cannot be satisfied from within the organization, preparing longer-term plans for meeting them by attracting high quality candidates as the "employer of choice".

(2) Flexibility plans—planning for increased flexibility in the use of human resources to enable the organization to make the best use of people and adapt swiftly to changing circumstance.

(3) Retention plans—preparing plans for retaining the people the organization needs.

1. According to Keep (1989), ________ isn't the objective of HRM resourcing strategies.

A. obtain the right workforce

B. obtain the employees with the appropriate qualities, skills, knowledge and potential

C. select and recruit workers who are met with the needs of the organization

D. retain the appropriate employees

2. The rationale for HRM resourcing strategy is the concept that ________ .

A. the strategic capability of a firm depends on its human capital

B. the strategic capability of a firm depends on its resource capability

C. the strategic capability of a firm depends on its R&D capability

D. the strategic capability of a firm depends on its management capability

3. About the firm with HRM resourcing strategy, the author might most likely disagree that ________.

A. the firm will achieve competitive advantage by employing more capable people than its rivals

B. the firm can attract capable people by being "the employer of choice"

C. the firm retains capable people by providing better opportunities and rewards than others, and by reaching a long-term contract

D. the firm deploys its people in ways which maximize the added value of the supply

4. The HRM resourcing strategy should attempt to provide answers to the following questions except ________.

A. what skills are we likely to need in the future

B. will we be able to meet the needs from our existing resources

C. do we have a problem in retaining all staff

D. is there scope to make better use of people by increasing employment flexibility

5. ________ isn't the components of HRM resourcing strategy.

A. Resourcing plans

B. Flexibility plans

C. Retention plans

D. Replacement plans

(四) 写作题(根据以下要求用英语写作)

ONE

360度反馈(360-degree feedback)是近年来出现的一种绩效管理新方法。它是一种系统地收集来自于多种渠道的、反馈某人绩效的数据和信息的绩效评估方法。绩效反馈的来源包括上司、同事、外部顾客、内部顾客和自己。公司的人力资源管理负责人应当熟悉这种新方法,并能够在工作实践中灵活运用。请结合你在工作中对这种绩效评估方法的运用,用英文写一篇100字左右的讨论360度反馈优点和缺点的文章,题目为"Advantages and Disadvantages of 360-Degree Feedback"。

You can begin with the following sentence:

360-degree feedback is a relatively new feature of performance management…

TWO

某中外合资公司刚成立半年,近期公司打算进一步完善人力资源管理工作,决定对公司内的所有职位进行一次工作描述。在进行所有职位的工作描述之前，需要先在公司内进行有关该职位工作描述的问卷调查（job description questionnaire），以使工作描述更准确、更完善。请你用英文设计一份简单的问卷。

You can begin with the following:

Job Description Questionnaire

Instructions: The following information will be used in designing a job description format. For many questions, you might want to leave a full page for an answer.

…

THREE

某外语培训学校［用×××(China) 表示］计划招聘一名兼职外籍英语教师，任职期间为 2017 年 9 月 1 日至 2018 年 6 月 30 日。报酬按课时计算，每节课 45 分钟，每课时 150 元人民币，于授课后的次周一支付，个人所得税自负。假设该学校让你为其拟订一份兼职合同（part-time contract），请你用英文完成这份合同，合同格式自拟，合同条款至少包括 employment period，payment，duties 等内容。

FOUR

由于近年来经济持续衰退，Addison Systems 公司打算在年底进行一次裁员，辞退的对象主要是公司去年招聘的临时工（temporary workers），Thomas 就是即将被辞退的临时工。根据当初公司与 Thomas 签订的服务协议，如果公司辞退员工的话，公司必须按照协议约定每服务满两个月支付员工一个星期工资的补偿金，Thomas 已在公司工作满 12 个月，将得到一笔相当于 6 个星期工资的补偿金。假设你是 Addison Systems 公司的人力资源管理人员，请你用英文为 Thomas 写一封员工辞退信（employee termination letter），向他说明辞退的原因和相关事宜（你的署名请勿用真实姓名，一律用×××表示）。

三、参考答案

（一）翻译题

1. 缺勤率
2. 成就测试
3. 有责任
4. 青少年
5. 负面影响
6. 有进取心的，积极行动的
7. 野心，雄心

8. 分析法
9. 公告
10. 仲裁
11. 平衡计分卡
12. 商谈
13. 行为模拟
14. 行为改变计划
15. 基准
16. 企业规划
17. 候选人
18. 职业锚
19. 职业咨询
20. 职业曲线
21. 职业管理系统
22. 职业发展
23. 职业定位
24. 集权化
25. 认知能力
26. 认知性结果
27. 协同诊断
28. 集体谈判
29. 集体合同
30. 集体协商
31. 沟通技巧
32. 报酬要素
33. 能力评估
34. 能力模型
35. 竞争优势
36. 妥协
37. 集中战略
38. 商量，请教
39. 数据流程图
40. 分散化
41. 决策
42. 决策支持系统

43. 缺乏
44. 养老金福利计划
45. 资方养老金投入计划
46. 扁平化
47. 需求预测
48. 沮丧
49. 开发规划系统
50. 差额计件工资
51. 直接成本
52. 纪律
53. 效率工资理论
54. 平等主义
55. 所得，收入
56. 效率
57. 人员配置
58. 员工授权
59. 员工租借
60. 雇员调查与研究
61. 公平就业机会
62. 离职面谈
63. 当面讨论
64. 因素比较法
65. 灵活的福利计划
66. 流程图
67. 正规教育计划
68. 收益分享计划
69. 目标和时间表
70. 图式评估法
71. 猎头
72. 健康安全
73. 高绩效工作系统
74. 计时工资制
75. 人力资本
76. 人力资源派遣
77. 间接成本

78. 个人主义
79. 通货膨胀
80. 保险
81. 知识资产
82. 内部分析
83. 内部成长战略
84. 工作分析
85. 工作分类法
86. 工作描述
87. 工作设计
88. 工作扩大化
89. 工作丰富化
90. 工作评价
91. 工作认同
92. 工作再设计
93. 关键绩效（业绩）指标
94. 劳动关系进程
95. 无领导小组讨论
96. 学习型组织
97. 会员资格维持
98. 目标管理
99. 管理预测
100. 管理过程
101. 经理评估
102. 管理多元化
103. 物质奖励
104. 医疗计划
105. 夜班
106. 非营利组织
107. 网上培训
108. 在职培训
109. 开放文化
110. 组织设计与发展
111. 组织分析
112. 组织能力

113. 组织结构图
114. 入职培训
115. 小组面试
116. 加薪要求
117. 工资等级
118. 工资结构
119. 按绩效的报酬标准
120. 工资政策线
121. 养老金，退休金
122. 同事评估
123. 鼓舞动员谈话
124. 绩效评价
125. 绩效反馈
126. 绩效管理
127. 绩效规划与评价系统
128. 潜在的，可能的
129. 优先
130. 试用
131. 调查问卷
132. 和谐，亲善
133. 易读性
134. 培训准备
135. 推理能力
136. 和解
137. 认可，承认
138. 冗员，冗余
139. 流程再造
140. 复职
141. 关联数据库
142. 储蓄和退休金计划
143. 高级管理层
144. 自我评估
145. 转包合同
146. 客观存在因素
147. 后任

148. 供给预测
149. 病假条
150. 情景面试
151. 技能量表
152. 技能工资
153. 明确性
154. 即时奖金
155. 人员配置表
156. 隐性知识
157. 任务分析
158. 团队领导培训
159. 团队建设
160. 高层
161. 全面质量管理
162. 效用分析
163. 语言理解能力
164. 薪酬调查
165. 冻结工资增长
166. 360-degree feedback process
167. attitudinal structuring
168. authority
169. audiovisual instruction
170. audit approach
171. business division
172. business integration
173. continuous learning
174. coordination training
175. core competencies
176. cost structure
177. critical incident method
178. cross-cultural preparation
179. cross-training
180. cultural environment
181. cultural conflict
182. cultural values

183. customer appraisal
184. curriculum vitae, CV
185. disparate impact
186. disparate treatment
187. diversity training
188. dividends
189. discrimination
190. dismiss
191. downsizing
192. downward move
193. expatriate
194. expectancy theory
195. explicit knowledge
196. external growth strategy
197. external labor market
198. frame of reference
199. functional job analysis, FJA
200. grievance
201. group mentoring program
202. human resource information system, HRIS
203. human resource management
204. human resource planning, HRP
205. internal labor force
206. internship programs
207. interview
208. industrialization
209. job rotation
210. job satisfaction
211. job specification
212. joint venture company
213. line manager
214. mediation
215. merit guideline
216. midcareer
217. minimum wage

218. mobility
219. non-regular employee
220. outlay
221. outplacement
222. outsourcing
223. overpay
224. person characteristics
225. personnel selection
226. piecework
227. position analysis questionnaire，PAQ
228. power distance
229. predictive validation
230. profit sharing
231. promotion
232. psychological contract
233. remuneration
234. retention plan
235. role ambiguity
236. role analysis technique
237. strategic choice
238. strategic congruence
239. strategic human resource management
240. strategy formulation
241. strategy implementation
242. subordinate
243. succession planning
244. training administration
245. transaction processing
246. trend analysis
247. turnover
248. welfare system
249. wide salary
250. work permit

(二) 单项选择题

1. B　2. B　3. C　4. A　5. B　6. B　7. A　8. A　9. B　10. D　11. C　12. A　13. C

14. A 15. B 16. C 17. C 18. B 19. C 20. B 21. B 22. C 23. A 24. A 25. B
26. A 27. D 28. D 29. C 30. D 31. A 32. C 33. C 34. D 35. D 36. B 37. D
38. B 39. B 40. C 41. C 42. C 43. B 44. C 45. D 46. D 47. D 48. A 49. D
50. C 51. A 52. C 53. C 54. D 55. A 56. C 57. C 58. D 59. A 60. A 61. D
62. A 63. B 64. D 65. D 66. B 67. B 68. A 69. C 70. A 71. B 72. D 73. C
74. A 75. C 76. A 77. B 78. A 79. A 80. C 81. B 82. A 83. B 84. C 85. C
86. C 87. C 88. C 89. D 90. D 91. C 92. C 93. C 94. C 95. C 96. B 97. A
98. B 99. B 100. B

（三）阅读理解题

ONE 1. C 2. B 3. D 4. A 5. C
TWO 1. D 2. B 3. C 4. A 5. C
THREE 1. B 2. C 3. D 4. B 5. A
FOUR 1. C 2. A 3. B 4. D 5. A
FIVE 1. D 2. B 3. C 4. A 5. B
SIX 1. C 2. B 3. B 4. D 5. A
SEVEN 1. D 2. C 3. A 4. B 5. A
EIGHT 1. C 2. D 3. D 4. B 5. A
NINE 1. A 2. D 3. C 4. B 5. A
TEN 1. A 2. C 3. D 4. B 5. C
ELEVEN 1. A 2. C 3. C 4. D 5. B
TWELVE 1. B 2. C 3. D 4. D 5. A
THIRTEEN 1. B 2. D 3. C 4. A 5. A
FOURTEEN 1. A 2. C 3. D 4. B 5. A
FIFTEEN 1. D 2. C 3. D 4. A 5. C
SIXTEEN 1. B 2. D 3. D 4. C 5. C
SEVENTEEN 1. D 2. A 3. B 4. C 5. C
EIGHTEEN 1. C 2. C 3. A 4. D 5. B
NINETEEN 1. D 2. B 3. C 4. C 5. A
TWENTY 1. D 2. A 3. C 4. C 5. D

（四）写作题

ONE

Answer (only for reference)

Advantages and Disadvantages of 360-Degree Feedback

360-degree feedback is a relatively new feature of performance management. There are some benefits resulted from using 360-degree feedback:

1. Individuals get a broader perspective of how they are perceived by others than previously possible.

2. Gaining acceptance of the principle of multiple stakeholders as a measure of performance.

3. Encouraging more open feedback new insights.

4. Provided a clearer picture to senior management of individual's real worth.

5. Open up feedback and gives people a more rounded view of performance than they had previously.

6. Identifying key development areas for the individual, a department and the organization as a whole.

7. A rounded view of an individual's/team's/the organization's performance and what its strengths and weaknesses are.

8. It has raised the self-awareness of people managers of how they personally impact upon others-positively and negatively.

9. It is starting to improve the climate/morale, as measured through our employee opinion survey.

But there may be some problems. These include:

1. People not giving frank or honest feedback.

2. People being put under stress in receiving or giving feedback.

3. Lack of action following feedback.

4. Over-reliance on technology.

5. Too much bureaucracy.

TWO

Answer (only for reference)

Job Description Questionnaire

Instructions: The following information will be used in designing a job description format. For many questions, you might want to leave a full page for an answer.

1. What is the job title?

____

2. In what department is the job located?

____

3. What is the title of the supervisor or manager to whom the jobholder must report?

____

4. Does the jobholder supervise other employees? If so, give their job titles and a brief description of their responsibilities.

Position Supervised

____

Responsibilities

____

What essential function duties does the jobholder perform regularly? List them in order of importance.

Duty	Percentage of Time Devoted to This Duty
(1) ______________	________
(2) ______________	________
(3) ______________	________

5. What are the working conditions? List such items as noise, heat, outside work, and exposure to bad weather.

____

6. How much authority does the jobholder have in such matters as training or guiding other people?

____

7. How much education, experience, and skill are required for satisfactory job performance?

____

THREE

Answer (only for reference)

Part-Time Contract

Date:

Part A:

Name: ____________

ID No.: ____________

Part B:

×××(China) Co, Ltd

Terms and Conditions

1. Employment period

This contract is from 1 September 2017 to 30 June 2018.

2. Payment

A. Hourly rate.

B. You will be paid fortnightly at the rate of RMB 150 per lesson. Each lesson is of 45 minutes duration and it is expected that you will spend at least 15 minutes on meaningful preparation for that lesson.

C. Wages are paid on the 2nd Monday following the week (s) worked.

D. The teacher must pay income tax in accordance with the laws of the Government of China.

3. Duties

A. Provide English language training.

B. Prepare and mark examinations and tests. Record student marks.

C. At all times the teacher is expected to dress and behave in a professional manner. There can be no relationship with a student that cannot be seen as one of a professional nature.

D. The teacher is directly responsible to the Director of Studies××× (China).

E. The teacher is expected at all times to obey the laws and regulations of the People's Republic of China.

Part A:

Name of teacher: ______________________

Signature of teacher: ______________________

Part B:

××× (China) Co, Ltd

Seal: ______________________

FOUR

Answer (only for reference)

Employee Termination Letter

Dear Thomas:

It is with sincere regret that I must inform you that your employment at Addison Systems Inc. will be terminated as of December 31, 2015.

As you know, the downsizing task force delivered their report to the general manager. Among the task force recommendations was the elimination of all temporary and contract positions. Since you occupy a temporary position, your position is automatically subject to the task force recommendations.

I would like to make it absolutely clear that in no way does your termination reflect that the company is in any way unhappy with your work performance over the past 12 months. In fact, you have been highly regarded as one of our most productive contract staff. Unfortunately, you and the other non-permanent staff that are being let go are simply a reflection of the general economic downturn over the past year.

In an effort to try to reduce the impact of this termination, the company has worked out a severance arrangement that will give you one week's pay for each month you worked beyond 12 months. In your case this will amount to six (6) weeks of severance pay. In addition, your medical coverage will remain in effect until the end of the severance period. You will soon receive a letter from the Human Resources Department with all of the details on the severance package.

Thomas, given your qualifications and proven abilities, I am confident that you will be able to find another position in the relatively near future. If you would like, I would be pleased to write a recommendation letter for you, to help with your job search.

Yours Sincerely

×××

Manager of HR Department

××× Co. Ltd

企业人力资源管理师（二级）鉴定方案

一、鉴定方式

企业人力资源管理师（二级）的鉴定采用机考、笔试、口试方式进行。考核分为 4 个模块，均实行百分制，成绩皆达 60 分及以上者为合格。不合格者可按规定分模块补考。

二、考核方案

考核模块表

<table>
<tr><td colspan="2">职业（工种）名称</td><td colspan="2">企业人力资源管理师</td><td rowspan="2">等级</td><td colspan="3" rowspan="2">二级</td></tr>
<tr><td colspan="2">职业代码</td><td colspan="2"></td></tr>
<tr><td>序号</td><td>模块名称</td><td>单元编号</td><td>单元内容</td><td>考核方式</td><td>选考方法</td><td>考核时间（min）</td><td>配分（分）</td></tr>
<tr><td>1</td><td>专业知识</td><td>1</td><td>专业知识</td><td>机考</td><td>必考</td><td>90</td><td>100</td></tr>
<tr><td rowspan="2">2</td><td rowspan="2">专业技能</td><td>1</td><td>项目策划</td><td>笔试</td><td>必考</td><td rowspan="2">90</td><td>60</td></tr>
<tr><td>2</td><td>案例分析</td><td>笔试</td><td>必考</td><td>40</td></tr>
<tr><td rowspan="4">3</td><td rowspan="4">专业英语</td><td>1</td><td>词组翻译</td><td rowspan="4">笔试</td><td rowspan="4">必考</td><td rowspan="4">90</td><td rowspan="4">100</td></tr>
<tr><td>2</td><td>单项选择</td></tr>
<tr><td>3</td><td>阅读理解</td></tr>
<tr><td>4</td><td>写作</td></tr>
<tr><td rowspan="2">4</td><td rowspan="2">综合能力测试</td><td>1</td><td>项目策划</td><td rowspan="2">口试</td><td rowspan="2">必考</td><td rowspan="2">20</td><td rowspan="2">100</td></tr>
<tr><td>2</td><td>案例分析</td></tr>
<tr><td colspan="6">合计</td><td>290</td><td>400</td></tr>
<tr><td>备注</td><td colspan="7">综合能力测试除案例答辩外，还包括本职业范畴的拓展性提问，以及测评职业资历与实践经验、专业素养、分析判断能力、应变能力、语言表达能力等</td></tr>
</table>

理论知识考试模拟试卷

一、判断题（下列判断正确的请打“√”，错误的请打“×”。每题0.5分，共40分）

1. 根据波特对企业战略分类的思路，可将人力资源战略划分为成本领先、技术领先和差异化三种战略。（ ）

2. 企业战略与人力资源战略与规划的关系是制约和反制约的作用。（ ）

3. 企业的人力资源保障问题是人力资源计划中应解决的核心问题。（ ）

4. 企业人力资源规划的内容和水平只取决于企业生产规模、研究开发水平和管理水平。（ ）

5. 人力资本主要包括基本工资、奖金和福利三部分。（ ）

6. 专家模型方式用于人力资源规划出现重大偏差的情况下。（ ）

7. 分析者型组织战略类型要求规范化和灵活性并举的组织结构。（ ）

8. 对企业来说，组织设计的实现过程就是一场组织变革。（ ）

9. 组织设计实现的评价包括结果评价和过程评价。（ ）

10. 工作再设计的核心思想是让员工参与，激发员工工作热情。（ ）

11. 目前流行的工作再设计思想是以团队、价值为导向的工作再设计思想。（ ）

12. 工作专业化和工作丰富化是互补的两种工作再设计方法。（ ）

13. 人力资源管理费用主要包括招聘费用、培训费用、劳动争议处理费用等几大类别。（ ）

14. 企业人力资源信息化管理的优势包括降低管理成本、畅通信息传递渠道和推动企业变革。（ ）

15. 胜任素质是个体所具备的、能够以之达成或预测优秀工作绩效的内在基本特征和特点。（ ）

16. 胜任素质中的差异素质是指那些管理人员和员工都普遍缺乏的胜任素质。（ ）

17. 招聘策略主要是指组织为了实现一定的战略目标，尤其是为了实现组织对人力资源的需求，而利用资源采取的招聘行动的总计划。（ ）

18. 内部竞聘可以产生“鲶鱼效应”，通过良性竞争促进共同进步。（ ）

19. 评价是测量的基础，是依据事先设计好的规则通过一些具体的方法对应聘者的素质给出一个可比较的判断。（ ）

20. 在实际运用中，不可能也没必要对所有素质特征都做出评价，体现了人员甄选指标的合理性原则。（ ）

21. 行为描述性面试是结构化面试方法的一种。（ ）

22. 评价中心具有很强的主观性，受面试官影响很大。 ( )

23. 无领导小组讨论一般在面试后使用，用于筛选面试过关的候选人。 ( )

24. 角色扮演法重在通过测评去了解被测试者的心理素质。 ( )

25. 招聘评估中的可靠性标准评估的是招聘的人员是否真正了解空缺岗位的要求。 ( )

26. 招聘录用人员与岗位需求是否匹配，是招聘评估的适合性标准的要求。 ( )

27. 反映新员工招聘计划完成情况的是应聘比。 ( )

28. 人力资源部收到申请者申请的那天起到人力资源部至少找到一个通过初步甄选的应聘者并确定下一轮甄选的那天为止的天数，是定岗时间。 ( )

29. 企业培训的主体是企业、员工和人力资源部。 ( )

30. 培训结果与晋升、工资挂钩，可以提升培训的效果。 ( )

31. 培训风险管理制度主要是指培训合同签订和管理制度。 ( )

32. 培训工作涉及环节多、参与管理人员多，建立分工明确、职责明晰的培训组织机构是确保培训工作顺利开展的基础。 ( )

33. 培训者和顾问的任务在于维持培训与开发的正常运作和既定绩效。 ( )

34. 培训课程的类型包括学科课程、理论课程、活动课程、核心课程和模块课程。 ( )

35. 自我管理理论认为，一切新的、有意义的学习都是在原有的学习基础上产生的，不受学习者原有的认知结构影响的学习是不存在的。 ( )

36. 培训本身评估的方法一般包括培训者或培训管理人员进行自我评估、闭卷考试评估、学员评估、技能竞赛、外聘专家评估等。 ( )

37. 培训项目需要三个月或更长时间时，不要急于进行评估。 ( )

38. 培训评估的整个过程包括做出评估决定、评估规划、评估操作、数据分析与整理、评估报告编写。 ( )

39. 在培训评估开始之前，一定要搞清楚评估的目的。 ( )

40. 对培训的效果进行经济价值评估，有助于组织的高层管理者了解项目的绩效和对业务目标的影响。 ( )

41. 培训投入产出分析是为了评估培训资金投入的利用效率。 ( )

42. 职业生涯规划是指组织或者个人把个人发展与组织发展相结合，对决定个人职业生涯发展的个人因素、组织因素、社会因素等进行分析，制定有关个人在事业发展上的战略设想与计划安排。 ( )

43. 企业的绩效管理制度分为管理和评估两个部分。 ( )

44. 绩效管理指标的贯彻执行必须保证绩效管理的科学性、合理性和公平性，应剔除个人偏好等感情因素，这是绩效管理制度设计时应体现的民主性与透明度要求。 ( )

45. 及时有效原则是绩效管理制度解释的原则之一。 ( )

46. 人力资源部经理的职责包括直线经理的合作伙伴、业务流程的熟练掌握者、直线经理的培训员和绩效管理的直接责任人。（ ）

47. 运行高效顺畅的绩效管理必然包含充分的沟通和有效的反馈机制。（ ）

48. 管理者在绩效辅导过程中应该扮演“教练”的角色。（ ）

49. 当员工工作业绩出现问题时，如员工工作绩效的行为或结果不符合标准而其自身尚未发觉时，管理者应及时给予员工提示和指导以纠正其不当行为或观念。（ ）

50. 戴明环包括计划、执行、检查、修改完善四个过程。（ ）

51. 制定关键绩效指标的步骤包括筛选指标、设置权重、修改确认等。（ ）

52. 平衡计分卡包括财务、客户、内部运营、学习成长 4 个维度。（ ）

53. 评估信度是指评估结果的可信程度。（ ）

54. 以人员、部门、公司为变量，对不同考核期的同一考核指标进行比较分析是考核结果的横向比较分析。（ ）

55. 在企业初创期，企业规模很小，可以不采用绩效考核方法。（ ）

56. 考核对象通过其岗位职责对考核方法的选择产生影响。（ ）

57. 内部公平和外部公平是薪酬体系设计的重要原则。（ ）

58. 激励原则是薪酬管理的基本原则之一。（ ）

59. 在确定企业薪酬策略的过程中，需要逐一确定多项重要因素，包括合理控制人工成本。（ ）

60. 基于参与主体和决定机制的薪酬体系设计模式中，专家咨询模式适用于有一定规模的、公司治理结构比较完善的企业。（ ）

61. 市场工资制不适用于核心骨干员工。（ ）

62. 薪酬制度制定时要遵循的原则包括公平性原则、竞争性原则、合法性原则、员工激励原则等。（ ）

63. 岗位薪点工资制使工资分配直接与企业效益和员工个人的劳动成果挂钩，体现了效率优先的原则，符合市场取向。（ ）

64. 结构工资制中的基本工资由现行国家工资制度中的工龄工资、标准津贴和全国统一规定的各种补贴组成。（ ）

65. 支付能力与比较标准原则是确定谈判工资水平的基本原则之一。（ ）

66. 企业人才战略中，知识和技能是基于胜任特征的薪酬体系的决定要素。（ ）

67. 企业的支付能力、市场薪酬水平是企业在决定绩效加薪幅度时考虑的因素。（ ）

68. 人力资本理论、绩效工资理论是绩效薪酬的主要理论。（ ）

69. 附加型弹性福利是企业在现有的福利计划之外，向员工提供其他不同的福利措施或扩大原有福利项目的范围，让员工去选择。（ ）

70. 当采用确定收益型年金时，员工需要承担因企业倒闭而失去企业年金或者因通货

膨胀而降低退休津贴的风险。 ( )

71. 劳动争议也称劳动纠纷，是指劳动者和用人单位在执行相关的劳动法律、法规或签订、履行劳动合同时，因双方对劳动权利与义务存在分歧而产生纠纷的行为。 ( )

72. 因订立、履行、变更、解除和终止劳动合同发生的争议属于劳动争议。 ( )

73. 劳动争议双方当事人可以在调解和仲裁中任选一种方式解决劳动争议。 ( )

74. 依据《劳动法》和《劳动争议调解仲裁法》的规定，我国的劳动争议处理体制是"一调一裁两审"与"一调一裁"两种机制。 ( )

75. "自行协商—企业内调解—仲裁—诉讼"是我国劳动争议的处理机制。 ( )

76. 仲裁员由仲裁委员会聘任，是依法调解和仲裁争议案件的专业工作人员，所以只有专职仲裁员。 ( )

77. 因解除或终止劳动关系产生的争议，用人单位不能证明劳动者收到书面通知时间的，劳动者主张权利之日为劳动争议发生之日。 ( )

78. 仲裁庭仍然要先行调解劳动争议，对调解不成的才能仲裁。 ( )

79. 劳动争议诉讼的当事人只能是劳动者和用人单位。 ( )

80. 劳动争议诉讼中，满足某些条件时可以不执行"原告就被告"的原则。 ( )

二、单项选择题（下列每题的选项中，只有1个是正确的，请将其代号填在括号内。每题0.5分，共30分）

1. （ ）不是人力资源规划的五大功能。

A. 企业管理的重要依据　　B. 节省人工成本
C. 调动员工的积极性　　D. 体现企业的核心竞争力

2. （ ）不是人力资源规划制定的原则。

A. 充分考虑企业内部、外部环境的变化
B. 确保企业的人力资源保障
C. 使企业和员工都得到长期的利益
D. 兼顾企业长期和短期战略目标

3. 成长型企业的人力资源发展战略着眼于（ ）。

A. 优化员工队伍结构　　B. 加强员工培训
C. 扩大员工队伍规模　　D. 加强中层管理团队

4. 整个人力资源规划中最困难和最重要的部分是（ ）。

A. 编制企业人员配置计划　　B. 编制职务计划
C. 合理预测各部门人员需求　　D. 确定人员供给计划

5. 对人力资源规划影响较大的因素主要是（ ）。

A. 企业管理状况　　B. 企业经营状况
C. 竞争对手情况　　D. 行业宏观情况

6. 组织诊断的原则包括调查原则、动态跟踪原则、系统原则、健康标准原则、

（　　）等。

A. 合理解释原则　　B. 非系统原则

C. 及时反馈原则　　D. 全面分析原则

7. 工作再设计的方法包括轮岗、工作丰富化、（　　）等。

A. 工作扩大化　　B. 工作精细化　　C. 脱产培训　　D. 挂职锻炼计划

8. 工作专业化应遵循的原则包括增加工作要求、让员工拥有对工作更多的支配权、（　　）等。

A. 分工细化和职责明确

B. 允许员工自主安排工作进度

C. 将工作业绩报告及时反馈给主管人员

D. 员工必须持证上岗

9. 人力资源管理费用包括招聘费用、劳动争议处理费用、（　　）等。

A. 非奖励基金的奖金　　B. 其他退休费用

C. 培训费用　　D. 其他费用

10. 人力资源费用预算原则包括合法合理原则、客观准确原则、严肃认真原则和（　　）。

A. 及时准确原则　　B. 可行性原则

C. 动态调整原则　　D. 整体兼顾原则

11. 工作分析所要关注的要素有两点，即职位和（　　）。

A. 人　　B. 岗位　　C. 职能　　D. 任职要求

12. 心理契约理论认为，在组织与其成员之间存在一种非正式且十分重要的契约，即在组织成员之间及组织与成员之间存在（　　）和对义务的承诺与互惠。

A. 期望　　B. 希望　　C. 友情　　D. 心理暗示

13. 内部招聘的方式包括岗位轮换、岗位竞聘、（　　）等。

A. 临时人员转正　　B. 领导引荐

C. 个人自荐　　D. 人力资源部从后备人才库中选拔

14. 采用内部竞聘的基本原则包括公平、公开、公正和（　　）。

A. 权威　　B. 透明　　C. 明确　　D. 广覆盖

15. 内部竞聘的竞聘工作团队由人力资源部或组织部门牵头，成员包括高层领导、部门领导、专业机构负责测评工作的人员、（　　）等。

A. 工会人员　　B. 职工代表

C. 专业技术人员　　D. 上级主管单位代表

16. 评估候选人的分析能力时，可以采用无领导小组讨论、演讲、（　　）等评价中心技术。

A. 文件筐测验　　B. 行为描述性面试

C. 结构化面试　　　　　　D. 半结构化面试

17. 评估候选人的沟通协调能力时，可以采用无领导小组讨论、角色扮演、（　　）等评价中心技术。

A. 文件筐测验　　　　　　B. 演讲

C. 半结构化面试　　　　　D. 结构化面试

18. 运用评价中心对候选人进行评估时，面试官数量应不少于（　　）人。

A. 3　　　B. 4　　　C. 5　　　D. 6

19. 无领导小组讨论的前期准备至关重要，前期准备工作充分与否直接影响测评过程是否顺利和后期评估是否准确。前期准备包括测试环境布置、应聘者分组、讨论材料准备、（　　）等。

A. 面试官分工与培训　　　B. 考生培训

C. 设备调试　　　　　　　D. 面试官选择

20. 无领导小组讨论的每一个小组人数一般以（　　）人为宜。

A. 3～4　　　B. 6～8　　　C. 8～10　　　D. 10～12

21. 企业的培训制度体系不包括（　　）。

A. 风险管理制度　　　　　B. 培训预算制度

C. 激励制度　　　　　　　D. 入职培训制度

22. 与培训对象签订无固定期限的劳动合同，合同中应明确双方的权利义务和违约责任，加入保密条款和违约补偿条款等，这是培训制度中的（　　）。

A. 风险管理制度　　　　　B. 培训奖励制度

C. 激励制度　　　　　　　D. 入职培训制度

23. 企业与员工签订培训协议，在协议上明确规定员工接受培训后，在规定的时间内不得离开公司，这是化解员工培训后离职的（　　）措施。

A. 培训前收回投资　　　　B. 培训期间收回投资

C. 培训后收回投资　　　　D. 签订竞业限制协议

24. 了解行业知识、计算机应用能力、数据分析能力、问题研究能力等是人力资源开发专业人员五角色理论中（　　）需要具备的能力。

A. 分析/评估角色　　　　B. 开发角色

C. 行政管理者角色　　　　D. 被培训者角色

25. 管理、市场营销、变革顾问、职业咨询是人力资源开发专业人员五角色理论中（　　）的任务。

A. 分析/评估角色　　　　B. 开发角色

D. 行政管理者角色　　　　D. 战略角色

26. 国内外运用广泛的柯克帕特里克的四级评估模型将培训效果分为四个递进的层次，即反应、知识、行为和（　　）。

A. 效果　　B. 刺激　　C. 认可　　D. 利益

27. 在柯克帕特里克的四级评估模型中，用于对培训表面效果进行测评的是（　　）。

A. 反应　　B. 知识　　C. 行为　　D. 刺激

28. 汉姆布林模型与柯氏模型基本相似，将培训评估分为若干等级，分别是反应评估、学习效果评估、工作行为评估、（　　）等。

A. 组织目标评估　　B. 组织认可评估

C. 个人发展评估　　D. 个人行为评估

29. 职业生涯的三维策划包括主动策划、组织策划和（　　）。

A. 社会策划　　B. 个体策划　　C. 行业策划　　D. 阶段策划

30. 在组织和职业中塑造自我，要胜任目前的工作，并力求在选定的具体领域获得成功，是（　　）的基本任务。

A. 职业准备阶段　　B. 进入组织阶段

C. 职业早期阶段　　D. 职业中期阶段

31. 企业的绩效管理制度包括管理制度和（　　）两部分。

A. 沟通机制　　B. 晋升制度　　C. 评估制度　　D. 培训机制

32.（　　）不是绩效管理制度告知的内容。

A. 告知绩效管理制度的监督机制、考核机制及追责机制

B. 告知受约人享有对制度内容提出意见和建议的权利

C. 告知绩效管理制度实施和生效的时间

D. 告知考评小组成员名单

33. 要做到绩效管理制度告知的及时性和覆盖的全面性，途径的选择至关重要，一般可供选择的途径包括电子邮件、公司内部网络、（　　）等。

A. 员工签收　　B. 开会宣读

C. 部门传达　　D. 签订合同时作为附件

34. 绩效管理制度的解释是指绩效管理制度的制定者和解释者应当根据制度制定的原则，按照一定的程序对绩效管理制度的规定、含义进行解释和说明。（　　）不属于解释的基本原则。

A. 系统解释原则　　B. 目标统一原则

C. 长远发展原则　　D. 长短结合原则

35. 企业绩效制度中管理制度的内容主要包括制定制度的目标宗旨、各类人员承担的职责和分工、（　　）。

A. 评估指标的选择和确定　　B. 评估方法的选择和确定

C. 绩效管理应遵循的原则　　D. 评估过程的设计和操作

36. 企业进入快速成长期，对企业的效率和经营成果提出了更高的要求，对于考核方法，一般可以选择（　　）。

A. 不采用考核方法　　B. 目标管理方法
C. KPI考核方法　　D. 平衡计分卡

37. 平衡计分卡是一种全新的企业绩效考评系统，目前采用此方法的企业多处于生命周期的（　　）。

A. 创业阶段　　B. 成长阶段　　C. 成熟阶段　　D. 衰退阶段

38. 如考核目的倾向结果导向，则不宜选择（　　）。

A. 目标考核法　　B. KPI法　　C. 潜能评估法　　D. 平衡计分卡

39. 下面关于平衡计分卡的描述，不正确的是（　　）。

A. 为企业战略管理提供强有力的支持
B. 可以提高企业整体管理效率
C. 需要增加企业信息负担
D. 需要理顺各指标体系之间的关系

40. （　　）不是绩效管理制度的建立方法。

A. 小范围试点法　　B. 管理人员动员法
C. 行为访谈法　　D. 引入第三方法

41. 薪酬管理的分配公平是指内部公平、自我公平和（　　）。

A. 外部公平　　B. 机会公平　　C. 程序公平　　D. 制度公平

42. 在确定企业薪酬策略的过程中，需要逐一确定多项重要因素，（　　）不属于需要确定的重要因素。

A. 薪酬设计要达到什么目的
B. 当前薪酬体系存在哪些突出问题
C. 需要重点激励的人员范围
D. 员工期望的收入水平有多高

43. 薪酬制度的制定要遵循的原则包括有效性原则、（　　）、合法性原则、员工激励原则等。

A. 公平性原则　　B. 合理性原则　　C. 竞争性原则　　D. 经济性原则

44. 在进行岗位技能测评时，测评小组构成中（　　）的数量最大。

A. 企业分管领导　　B. 中层管理人员
C. 员工代表　　D. 外部专家

45. 在进行岗位测评时，岗位技能工资制以劳动技能、劳动责任、（　　）、劳动条件四大基本劳动要素为评价和计量基础。

A. 劳动数量　　B. 劳动质量　　C. 劳动强度　　D. 劳动时间

46. 下面关于绩效薪酬的表述不正确的是（　　）。

A. 针对不同岗位类别设计不同绩效工资
B. 考核内容和方式影响绩效工资的有效性

C. 绩效工资要以基本薪酬为基础

D. 绩效工资要以绩效为基础

47. 研究表明，企业选择弹性福利的主要原因包括控制激增的成本、增进员工的士气和忠诚度、（　　）等。

A. 吸引和保留员工　　B. 竞争对手的压力

C. 合理避税　　D. 企业效益提升

48. 个人的行为是基于自我中心且是利己的，付出行为的一方如果不能期望从付出报酬的一方获得满意的结果和利益，则不会付诸努力，这是（　　）的主要思想。

A. 期望理论　　B. 交换理论

C. 激励理论　　D. 人力资源成本理论

49. 弹性福利计划应与员工的能力、员工对企业的贡献大小联系起来，让能力强、贡献大的员工享有更多的福利，这是弹性福利（　　）的体现。

A. 灵活性原则　　B. 激励性原则　　C. 恰当性原则　　D. 普惠性原则

50. 弹性福利制度的理论基础包括马斯洛需要层次理论、双因素激励理论和（　　）等。

A. 交换理论　　B. 社会比较理论

C. 人力资本理论　　D. 公平理论

51. 下面不属于劳动争议的是（　　）。

A. 因劳动报酬、工伤医疗费、经济补偿、赔偿金等发生的争议

B. 因除名、辞退、辞职、离职发生的争议

C. 农村承包经营户与受雇人之间的纠纷

D. 因工作时间、休息休假、社会保险、福利、培训、劳动保护发生的争议

52. 下面属于劳动争议的是（　　）。

A. 劳动者对职业病诊断鉴定结论的异议纠纷

B. 因除名、辞退、辞职、离职发生的争议

C. 个体工匠与帮工、学徒之间的纠纷

D. 家庭或者个人与家政服务人员之间的纠纷

53. 劳动争议处理机制包括：①自行协商；②企业内调解；③仲裁；④诉讼。其先后次序是（　　）。

A. ①②③④　　B. ②③①④　　C. ②①③④　　D. ④③②①

54. 如果一方当事人向调解委员会申请调解，另一方当事人向仲裁委员会申请仲裁，则应由（　　）受理。

A. 仲裁委员会　　B. 调解委员会　　C. 法院　　D. 以上都不对

55. 根据目前的规定，仲裁时效为期（　　）个月。

A. 6　　B. 12　　C. 18　　D. 24

56.（　　）认为在工作情境中有三项主要的动机或需求，即成就感的需求、权力的需求和归属感的需求。

A. 差距理论　　B. 双因素理论　　C. 三需求理论　　D. 公平理论

57.（　　）认为导致工作满意的因素与导致工作不满意的因素是分开而有别的，包括“保健因子”和“激励因子”。

A. 差距理论　　B. 双因素理论

C. 需要层次理论　　D. 公平理论

58.（　　）认为人是有需要的动物，需要必须加以满足，而未能获得满足的需要常可左右人们的行为，人类的需要按重要性由低至高排列可分为五个层次：生理需要、安全需要、社会需要、尊重需要及自我实现的需要。

A. 差距理论　　B. 需要层次理论

C. 双因素理论　　D. 公平理论

59. 根据员工满意度调查数据可以将员工分为敏感状态群体、危险状态群体、过渡状态群体、（　　）等类型。

A. 稳定状态群体　　B. 得过且过群体

C. 鲇鱼类型群体　　D. 正能量群体

60. 工伤医疗期分为轻伤、重伤等不同情况，严重工伤或者职业病需要延长医疗期的，最长不超过（　　）个月。

A. 12　　B. 24　　C. 36　　D. 48

三、多项选择题（下列每题的选项中，至少有2个是正确的，请将其代号填在括号内。每题1分，共30分）

1. 人力资源规划的原则包括（　　）。

A. 充分考虑企业内部、外部环境的变化原则

B. 确保企业的人力资源保障原则

C. 使企业和员工都得到长期的利益原则

D. 服务企业长期战略规划原则

E. 充分考虑竞争对手规划原则

2. 人力资源规划制定的影响因素主要包括企业发展战略、（　　）等。

A. 生产规模　　B. 研究开发水平和管理水平

C. 财务情况　　D. 竞争对手

E. 经营者的理念

3. 人力资源规划的供需平衡主要包括晋升规划，以及（　　）等。

A. 补充规划　　B. 培训开发规划

C. 配备规划　　D. 内部招聘计划

E. 员工合同管理

4. 钱德勒认为组织战略发展包括数量扩大阶段、地区开拓阶段、（　　）等。

A. 纵向联合发展阶段
B. 战略收缩阶段
C. 产品多样阶段
D. 成长发展阶段
E. 差异化发展阶段

5. 组织设计实现的结果评价方法包括（　　）。

A. 效果的权复评价法
B. 效果的平衡评价法
C. 过程效率和效果评价法
D. 利益相关者评价法
E. 成本效益法

6. 工作专业化设计方法的特点是（　　）。

A. 工作可分解为许多简单的操作单元
B. 不利于员工在不同岗位之间的轮换
C. 具有标准化的工序和操作规程
D. 会增加培训费
E. 将相类似工作进行整合

7. 工资项目预算需要考虑政府发布的工资指导线、物价指数，以及（　　）等因素。

A. 企业经营状况预测
B. 社保、公积金等项目变化幅度
C. 企业领导的意图
D. 劳动力市场价格变化
E. 员工对收入的期望

8. 一般而言，如果组织出现（　　）等情况，可考虑采用内部竞聘提拔人才。

A. 领导层希望突破性地改变现有人力资源体系，打破传统的僵化状态
B. 组织员工展示能力、表现自我的意愿非常强烈
C. 领导层之间关于岗位的人选意见不统一，存在矛盾激化的可能
D. 领导层需要激发员工的工作热情和积极性，同时增强其危机感
E. 企业拟进入新的业务领域

9. 外部招聘的优点主要包括（　　）。

A. 挑选的余地大
B. 可以找到组织内稀缺的人才
C. 新员工给组织带来更多的创新机会
D. 产生“鲶鱼效应”
E. 培训成本低

10. 甄选指标体系的设计原则包括（　　）。

A. 针对性原则
B. 明确性原则
C. 合理性原则
D. 全面性原则

E. SMART 原则

11. 对一般岗位员工，可以采用的甄选方法包括（　　）。

A. 简历分析　　B. 人格测验

C. 评价中心技术　　D. 结构化面试

E. 背景调查

12. 影响测评效度的误差来源包括（　　）。

A. 应聘者反应方面的影响因素

B. 面试官的影响因素

C. 测试内容方面的影响因素

D. 测评实施过程中干扰因素的影响

E. 环境干扰因素

13. 企业的培训制度体系主要包括（　　）。

A. 培训服务制度　　B. 入职培训制度

C. 培训激励制度　　D. 培训预算制度

E. 培训报销制度

14. （　　）是企业常见的培训风险防范制度。

A. 与培训对象签订长期劳动合同

B. 劳动合同中加入保密条款和违约补偿条款

C. 签订培训合同

D. 建立严格的考核评估制度

E. 扣押相关证件

15. 培训课程目标包括（　　）。

A. 操作目标　　B. 操作条件　　C. 操作标准　　D. 操作技术

E. 操作手册

16. 提高管理培训的实效，需要做好（　　）。

A. 变革的准备　　B. 鼓励、保持和评估变革

C. 培训与发展　　D. 确保组织支持

E. 奖励良好行为

17. 绩效管理制度中的评估制度主要包括（　　）等内容。

A. 评估指标的确定　　B. 评估方法的选择

C. 评估过程的操作流程　　D. 评估计划

E. 评估团队的构成

18. 绩效管理的配套制度包括（　　）。

A. 完善的公司治理结构　　B. 以绩效为导向的奖惩机制

C. 以绩效为导向的业务流程　　D. 预算评估机制

E. 配套的信息平台

19. 绩效管理制度解释的原则包括（　　）。

A. 目标统一原则　　B. 长远发展原则

C. 清楚准确原则　　D. 系统解释原则

E. SMART 原则

20. 管理者在绩效辅导过程中扮演“教练”角色的内容包括（　　）。

A. 对员工进行指导

B. 监控员工的工作过程

C. 培养员工工作中所需要的技巧和能力

D. 设计考核指标

E. 接受绩效申诉

21. 影响考核方法选择的因素包括（　　）。

A. 考核目的　　B. 考核对象　　C. 考核预算　　D. 管理层态度

E. 员工态度

22. 平衡计分卡实施过程中，应该注意（　　）。

A. 企业应该以战略为导向，并具有民主管理风格及较高的成本管理水平

B. 必须在企业内外进行沟通和联系，并应符合企业实际

C. 理顺平衡计分卡指标体系之间的关系

D. 与奖励制度结合

E. 强化财务指标的考核

23. 平衡计分卡的企业内部经营过程包括（　　）等方面。

A. 创新　　B. 经营　　C. 售后服务　　D. 流程

E. 精细化管理

24. 技能工资制的缺点主要包括（　　）。

A. 评估能力/技能比较困难

B. 人工成本控制困难

C. 高能力不一定给企业带来高价值

D. 员工之间的竞争加剧

E. 低技能工作没人愿意做

25. 在进行岗位技能测评时，测评小组应由（　　）构成。

A. 企业分管领导　　B. 中层管理人员

C. 员工代表　　D. 外部专家

E. 工会代表

26. 结构工资制中的基本工资由现行国家工资制度中的（　　）构成。

A. 标准津贴　　B. 全国统一规定的各种补贴

C. 职务工资　　D. 绩效工资

E. 岗位工资

27. 谈判工资制的确定原则包括劳动力市场工资指导价位原则、劳动生产率标准原则、支付能力与比较标准原则、（　　）等。

A. 理论标准原则　　B. 竞争力原则

C. 政府工资指导线原则　　D. “两个低于”原则

E. “两个高于”原则

28. 合理高效的弹性福利方案需要兼顾（　　）等。

A. 战略导向性原则　　B. 激励性原则

C. 合法性原则　　D. 灵活性原则

E. 成本最低性原则

29. 劳动者和用人单位（或其管理者）之间发生的涉及（　　）的争议，属于劳动争议。

A. 劳动关系　　B. 劳动权利

C. 劳动义务　　D. 奖金分配

E. 考核标准

30. 员工沟通方法与渠道包括（　　）。

A. 纵向沟通与横向沟通

B. 链式沟通、轮式沟通与全通道式沟通

C. 正式沟通与非正式沟通

D. 入职沟通、工作中沟通、绩效沟通和离职沟通

E. 网络沟通

理论知识考试模拟试卷参考答案

一、判断题

1. × 2. × 3. √ 4. × 5. × 6. × 7. √ 8. √ 9. √ 10. √ 11. × 12. × 13. √ 14. √ 15. √ 16. × 17. √ 18. × 19. × 20. × 21. √ 22. √ 23. × 24. √ 25. × 26. √ 27. × 28. × 29. × 30. √ 31. √ 32. √ 33. × 34. × 35. × 36. √ 37. × 38. √ 39. √ 40. √ 41. √ 42. √ 43. √ 44. × 45. × 46. × 47. √ 48. √ 49. √ 50. √ 51. √ 52. √ 53. × 54. × 55. √ 56. √ 57. √ 58. × 59. × 60. √ 61. × 62. × 63. √ 64. × 65. √ 66. √ 67. √ 68. √ 69. √ 70. √ 71. √ 72. √ 73. √ 74. √ 75. √ 76. × 77. √ 78. √ 79. √ 80. √

二、单项选择题

1. D 2. D 3. C 4. C 5. A 6. B 7. A 8. B 9. C 10. D 11. A 12. A 13. A 14. A 15. A 16. A 17. A 18. A 19. A 20. B 21. B 22. A 23. C 24. A 25. D 26. A 27. A 28. A 29. A 30. C 31. C 32. D 33. A 34. D 35. C 36. B 37. C 38. C 39. C 40. C 41. A 42. D 43. A 44. C 45. C 46. C 47. A 48. B 49. B 50. A 51. C 52. B 53. A 54. A 55. B 56. C 57. B 58. B 59. A 60. C

三、多项选择题

1. ABC 2. ABC 3. ABC 4. AC 5. AB 6. AC 7. AC 8. ABCD 9. ABCD 10. ABC 11. ABD 12. AD 13. ABC 14. ABC 15. ABC 16. ABCD 17. ABCD 18. ABCDE 19. ABD 20. ABC 21. ABCD 22. ABCD 23. ABC 24. ABC 25. ABC 26. ABC 27. ACD 28. ABCD 29. ABC 30. ABCD

专业技能模拟试卷一

一、项目策划题一（30 分）

案例背景

长江钢铁公司是一家集炼铁、炼钢、轧钢为一体的大型钢铁企业，拥有烧结、高炉、转炉、钢板、型钢五大生产厂和辅助生产厂，可以冶炼 300 种钢号（钢铁产品牌号）、轧制 650 多个品种和规格的钢材，已形成 120 万吨铁、210 万吨型材钢、120 万吨线材钢的年生产规模。

2016 年，公司进行了体制改革，建立了新的公司领导班子，给公司带来了全新的现代化生产经营理念，为公司二次创业提供了强大的动力。为满足国内不断增长的不锈钢需求，长江钢铁公司规划投资建设一个不锈钢精品生产基地，预计 2 年后新产品生产线可建成投产。由于新生产线采用了比较先进的生产设备和技术，相比公司已有的几条生产线，新生产线的技术含量和自动化程度都有很大的提高。为了保证新生产线投入生产后能够良好运转，同时也为了老生产线停产后员工的顺利转岗，业务部和人力资源部共同组织了相关人员的培训工作。

由于长江钢铁公司是历史悠久的企业，老员工的学历比较低，生产人员中 60%只有初中学历，高中学历占 30%，大专和大学本科学历只有 10%。一些新员工接受了各种技术培训，一些老员工参加了公司规定的上岗培训后获得了上岗证，公司的管理人员也参加了相关计算机操作的培训。针对新生产线操作员工的脱产培训课程主要包括新生产线设备原理和操作规程等。人力资源部在组织培训时碰到的问题是大多数老生产线上的员工都不愿意被抽调去培训，原因是老员工担心无法胜任新生产线的工作，原先的工作岗位又被别人取代而导致下岗。人力资源部也担忧被选员工经过培训后是否能够担当和长期胜任新生产线的工作要求。

案例思考

1. 该公司培训出现问题的原因是什么？（12 分）

2. 如果你是人力资源部经理，你会如何编制一套合理的培训方案？（18 分）

二、项目策划题二（30 分）

案例背景

2017 年 1 月中旬，梧桐公司召开年度经营会议，会上公布了 2016 年度绩效考核结果后，会场就沸腾起来了，大家议论纷纷。

梧桐公司是一家成立于 20 世纪 90 年代中期的生物高科技公司。1998 年 9 月，公司在上海证券交易所上市。作为迅速发展中的高科技公司，梧桐公司围绕农化、医药、花卉三大产业已经形成了一个高水平、开放式的科技创新体系；形成了一个以“千县万点工程”为主要内容的技术服务导向的营销网络体系。梧桐公司的业务发展非常迅速，但是企业的绩效管理情况却不尽如人意。

公司经营会议刚结束，人力资源部经理王先生的电话就成了“热线电话”。

“花卉产业是朝阳产业，用利润指标考核不能反映我们花卉公司取得的业绩。”

“营销中心委托外部市场调查公司，你说客户满意度能不高吗?”

“王经理，财务部员工的业绩肯定不是公司的中间水平！我对员工要求严格，考核标准把握得紧，其他部门的领导尺度放得松，人力资源部也没有进行把关和平衡，你叫我怎么向员工交代呀?”

而总经理在公司经营会议上提到：“公司经营业绩表现一般，勉强及格，为什么各部门领导的绩效都在 90 分以上?”王经理犯愁了，一个个都来抱怨，领导层也不满意，认为人力资源部应该承担主要责任。

案例思考

1. 请分析该公司绩效考核中存在什么问题。(12 分)

2. 如果你是人力资源部经理，你会如何提高该公司绩效管理的有效性?(18 分)

三、案例分析题一（20 分）

案例背景

松本机械制造公司是一家专门从事轴承设计和加工生产业务的民营企业。随着轴承应用领域的拓宽、高新技术的发展和市场需求的多样化，公司总经理意识到，由于工业轴承设计的复杂度和生产精度的提高，现有的研发部经理难以领导研发团队推进公司可持续发展。

为了解决这一问题，总经理要求人力资源部陈经理在 10 天内完成招聘研发部经理的任务。为了配合业务进度，陈经理马上开始行动，通过前程无忧网、公共招聘网、劳务中介公司、公司内网等途径发布信息。

三天后，陈经理收到了几十份简历，从简历中确定了几位有设计经验的候选人，如从事过机械加工的、在电动打磨机行业有设计经验的、做过机械零部件设计工作的……面试时，陈经理只是简单地了解应聘者的离职原因、薪酬要求、到岗时间等，主要由分管研发工作的副总经理针对专业问题进行交流，并重点介绍了公司设计的项目（给应聘者看了些设计图纸）、设计产品的能力要求，并询问应聘者能否做相关方面的工作，如果可以就告知人力资源部通知其上岗。

人力资源部收到副总经理确定的名单后，就撤销了招聘信息，并着手为录取的新员工吴明办理入职手续。一周之后，吴明觉得公司很不规范，整天就是处理先前遗留的设计技术问题，有时还会到现场作业。他认为这些工作与售后服务没什么区别，薪酬水平一般，工作条件不如意，职责上不明确，有了离职的意向。

案例思考

1. 请分析公司在招聘上存在的问题。(8分)

2. 该公司在招聘中应如何实现人岗匹配?(12分)

四、案例分析题二(20分)

案例背景

李栋在正元公司的技术工艺部已经工作了三年,每年的绩效考评都是A级,是公司的明星员工。李栋目前的薪酬是每月12 000元人民币,他对这个收入还是比较满意的。

一次偶然的机会,他得知本部门刚招聘入职的谭一平月薪竟然达到了14 000元。李栋将自己和谭一平做了比较,发现自己无论在学历、经验、岗位还是业绩方面,都要强于谭一平,他实在不明白其中的原因。

李栋找到技术工艺部经理说明此事,要求他的直接经理在薪酬上给予弥补。然而,技术工艺部经理表示薪酬是由人力资源部定的,他也爱莫能助。李栋直接到人力资源部表达了他的不满。人力资源部冯经理解释说,他能够理解李栋的心情,但是近几年来市场上同样岗位的薪酬增长很快,没有这样的月薪,根本不能吸引谭一平到本公司来。而公司内部员工的薪酬增长比较缓慢,公司的薪酬水平和市场水平相比,的确有差距。在目前情况下,公司不可能大幅度提升内部员工的薪酬,因此对于李栋的调薪要求,公司不能满足。

李栋反问:“那么,如果我现在辞职,明天以工程师的身份来公司报到,按照公司薪酬制度,是不是我的月薪也至少要达到14000元?”

冯经理也不示弱:“公司有惯例,不会聘用离职的员工。因此你辞职后就再也进不了公司了。并且公司一直强调薪酬保密,你怎么能探听其他人的薪酬情况呢?”

对此,李栋实在无话可说,他没有想到公司薪酬水平在内部竟然如此不公平。

三天后,李栋提出辞职。

案例思考

1. 正元公司的薪酬制度是否合理?请说明原因。(8分)

2. 该公司应如何完善薪酬体系?(12分)

专业技能模拟试卷一参考答案

一、项目策划题一（30 分）

答题思路

1. 该公司培训出现问题的主要原因（12 分）

（1）员工不了解公司的长期发展战略目标，也不了解新生产线替换老生产线的规划。

（2）人力资源部对员工状况缺乏分析，对被安排培训的员工的思想动态也缺乏了解。

（3）公司培训工作没有系统规划，培训方式缺乏针对性。

（4）企业缺乏对培训效果的评估，员工对未来职业发展缺乏信心。

2. 培训方案的编制思路（18 分）

（1）确定培训目标。向员工说明公司的发展战略目标和员工尽快掌握与新生产线有关技能的迫切要求，强化公司和员工共赢的企业文化和员工的职业竞争意识。

（2）分析培训需求。通过问卷调查法、工作观察法和任务分析法进行调查研究，了解公司员工的年龄结构、专业技能、价值取向等与新生产线任职要求的差距。

（3）设计培训方案

1）在培训模式上，根据公司具备的培训条件和能力，针对培训对象采用半脱产的培训形式，既保证原生产线生产不受影响，又消除员工担心下岗的顾虑。

2）在培训对象的选择上，可以采取员工自愿报名和公司分批组织培训相结合的办法，进一步增强员工的岗位竞争意识。

3）在培训课程设置上，要求企业所有的生产操作工都参加新生产线相关的知识和技能培训，部分学历较低的员工可以适当增加文化课程的补习培训。

4）在培训和考核方式上，对生产中所需的专业技术知识、原理等可以采用以讲授为主的培训方式和笔试的考核办法；对生产流水线操作技术、设备维护等内容应采用以实际操作或模拟演练为主的培训和考核方式。根据初步考核结果，再进一步挑选和培训骨干员工。

5）在培训结果应用上，培训的考核成绩记入员工培训档案，并反馈至原生产线主管，作为薪酬调整的参考依据。各阶段的培训结束时，要进行书面小结并适当调整原计划。总体培训工作的效果要进行系统评估和考核。

二、项目策划题二（30 分）

答题思路

1. 该公司绩效考核中存在的问题（12 分）

（1）绩效考核目标设置缺乏科学性，指标不合理。

（2）绩效考核目标设置时与部门缺乏沟通，对绩效考核目标没有达成共识。

（3）在绩效管理中缺乏有效的过程管理，绩效管理体系构建不完善，绩效管理体系缺乏信息系统支持。

（4）对绩效考核标准理解的偏差和把握的松紧程度不一，导致绩效信息的失真。

2. 改进对策（18 分）

（1）开展绩效管理的培训。加强对绩效管理的认知，使各级管理层明确绩效管理对企业战略的价值和对员工的实际提升价值。

（2）根据公司战略目标设置绩效考核目标。基于公司的发展战略、绩效考核目标构建 SMART 原则，与相关部门和员工充分沟通并得到相关人员的确认。

（3）建立管理层之间持续有效的绩效沟通，完善绩效考核过程中的辅导机制，使各级管理层了解绩效考核的技术与方法。

（4）明确绩效指标的计算公式和统计方法，做好日常绩效信息的收集与整理。

三、案例分析题一（20 分）

答题思路

1. 存在的问题（8 分）

（1）招聘前没有做好准备工作，如岗位职责与工作目标不明确，对人员招聘的具体要求和内容没有详细的规定和说明，给招聘工作带来盲目性。

（2）招聘目的不清楚，只是赶招聘进度，以人员到岗作为招聘目的，没有将人岗匹配作为招聘目标。

（3）招聘实施不完善，很难保证招聘工作的质量。招聘面试甄选过程不科学、不规范，没有了解应聘者是否能胜任工作、适应企业文化等要求。

2. 人岗匹配需要考虑的因素（12 分）

（1）企业应当结合轴承设计的生产特点和经营目标，考虑研发部经理职位的岗位要求、工作职责、任务目标。

（2）从工作分析出发，明确岗位所应具备的胜任能力，如知识结构、经验背景、技能水平等综合能力。

（3）在招聘时要注重应聘者能力与岗位胜任力的匹配，应聘者对职位报酬和工作兴趣的匹配，应聘者和团队合作意向的匹配。企业人力资源部要全面了解应聘者工作风格、性格特点、经验、技能等情况。

（4）招聘信息发布范围应该扩大到该企业所在地的行业、猎头咨询公司，以及全国轴承专业性的网络，达到拓宽招聘渠道和收集更多人选的目的。

四、案例分析题二（20 分）

答题思路

1. 正元公司的薪酬制度是否合理及其原因（8 分）

（1）正元公司的薪酬制度不合理，对外缺乏竞争性、对内缺乏公平性、对员工不具有激励性。

（2）正元公司的薪酬市场调查不充分，只通过市场调查了解同行业的市场薪酬水平，但没有进行员工薪酬满意度调查，没有及时调整内部薪酬结构。

（3）正元公司没有建立科学的绩效考核体系，没有将员工的薪酬真正与企业经营目标相结合。

（4）正元公司的薪酬结构不合理，没有体现薪酬分配的公平性和激励性。

2. 改进措施（12 分）

（1）通过岗位评估，建立工作价值体系，设计薪酬等级，确保企业内部薪酬的公平。

（2）加强市场薪酬调查，了解公司竞争对手的薪酬信息和市场情况，制定公司薪酬政策，提高薪酬外部竞争性。

（3）进一步调整薪酬结构，可以建立岗位工资、技能工资和绩效工资相结合的薪酬结构，绩效工资的比例可根据不同岗位适当调整。

（4）设置明确的绩效考核目标，重视与员工的沟通，将薪酬调整与绩效考核相结合。

专业技能模拟试卷二

一、项目策划题一（30 分）

案例背景

海纳公司是一家化工涂料企业，2009 年从集体所有制企业转制为股份制公司。在短短的几年时间里，海纳公司快速发展成为一个拥有 2 000 多名员工、年销售额达到 10 亿元人民币的知名企业。

公司董事长兼总经理刘鹏飞雄心勃勃，他希望在今后五年内将企业带上一个新的台阶。因此，他开始布局在其他省市设立办事处和生产工厂，拓展和丰富产品系列。他希望招收更多的优秀人才，也希望进一步优化员工的素质结构，提升公司的品牌形象。

由于人力资源部人手紧张，且大多来自于原来的集体所有制企业，每次都要等到临时需要员工时，才急急忙忙开展招聘工作，而招聘时的招聘条件和专业要求均由刘总确定。同时，这几年企业中员工的学历结构有了很大的提升。但在管理过程中，老员工有颇多微词，他们觉得这些高学历的人配不上那么高的工资。公司一直存在有经验的技术人员与管理人员缺乏的现象，严重影响了业务的发展。此外，由于发展过程中公司内部组织结构不断发生变化，员工的调动非常频繁，使员工对自己的职业发展感到迷茫，满意度不高，不少人有了“跳槽”的想法。更为严重的是，最近又有几个核心员工被竞争对手“挖”走，对公司正常工作影响很大。

刘总开始意识到，如果这些问题不能尽快有效地解决，企业在日趋激烈的市场竞争中将失去优势，更别提快速发展了。于是，公司招聘了一名新的人力资源部经理，希望尽快完善人力资源方面的工作。

案例思考

1. 请分析该公司在人力资源管理中存在的问题。(12 分)

2. 如果你是人力资源部经理，请提出解决问题的建议。(18 分)

二、项目策划题二（30 分）

案例背景

君悦公司是一家总部在上海的新兴家电销售集团公司，主要在江浙沪地区发展业务。经过 5 年的发展，君悦公司下属有近 20 家的销售公司。公司发展很快，目前已开始在全国拓展门店。公司领导逐渐意识到，公司的发展仅依靠目前公司中的骨干人才是不够的，目前各地门店经理缺失比较严重，必须吸纳更多具有良好教育背景和先进管理理念的外部人才，才能满足公司高速发展的需求。

于是，君悦公司的人力资源部在招聘网站和报纸上刊登门店经理的招聘启事。由于人员需求比较急，在获取 30 多份简历之后，人力资源部在两周后开始安排选拔工作，采用笔试和面试结合的方式来判断候选人能否胜任应聘的岗位。笔试的主要内容是管理知识，关注应聘者是否具有先进的管理知识和理念。面试先由人力资源部的招聘主管进行一轮素质评估。教育背景较好、表达能力较强的候选人，再安排分管副总进行面试。为了快速解决各门店建立和运营过程中对门店经理的需求，在副总进行面谈之后，君悦公司确定了 15 名“业内精英”入职。

15 名新入职的人员直接被安排在相关的门店经理岗位上。他们到任半年后，一些新的门店业绩一直没有起色，而一些原来的门店也引起了较多的内部管理矛盾。公司领导进一步了解到，这些门店经理能说会道、想法挺多，但在内部员工管理、业务拓展等方面缺乏经验。而这些门店经理则抱怨：“对新公司的业务和岗位要求还需要时间适应。另外，下属员工执行力差、责任心不强、业务能力不足，而且有些老员工觉得经理的位置被我‘抢’掉了，对我很有意见，工作不配合，有些事情我也没办法。”

案例思考

1. 请分析君悦公司在门店经理招聘过程中存在的问题。（12 分）

2. 如果你是人力资源部经理，你会如何有效改进招聘工作？（18 分）

三、案例分析题一（20 分）

案例背景

天天货运代理公司是由郑晨在大学毕业后自主创立的国际货运代理服务公司。公司接受货主委托，代办租船、订舱、配载、增制有关证件、报关、报验、保险、集装箱运输、拆装箱、签发提单、结算运杂费、交单议付、结汇等业务。公司将国际贸易货运业务中相当繁杂的工作相对集中地办理，从中收取客户一定的服务费。公司因其专业而优质的服务，赢得了客户的信任，很快在业内小有名气。公司成长迅速，连续三年业绩以 25%以上的幅度增长。

2016 年，公司进入了创业的第四年，郑晨觉察到公司发展遭遇瓶颈，业绩增长趋缓，甚至有下降的趋势。员工提升业绩的意愿也明显下降。

目前，公司的整个薪酬体系主要是参照一般服务业公司。在公司现有的人员中，客户服务代表月薪 3 500～4 000 元，货运代理人月薪 4 000～5 000 元，管理人员（包括人事、行政、财务等岗位）月薪 3 000～4 000 元。公司的业务经理和行政经理都是从原来客户服务代表中提拔的。除月工资外，公司员工每年另加 1 个月工资作为年终奖。近两年来，员工的薪酬调整也仅仅是考虑物价上涨因素做了微调。

近期，业务经理和行政经理不断向郑晨反映，手下的员工对目前收入非常不满，认为公司的薪酬标准低于竞争对手，特别是一些骨干人员，感到其获得的报酬明显低于其对公司的贡献，欲跳槽到其他公司。同时，两位经理也暗示自己的收入也与他们复杂而辛苦的工作不相匹配。郑晨原计划招聘一个拓展国内贸易的主管级业务员，但招聘信息在网上挂了两个多月，也因薪酬太低而无人应聘。

案例思考

1. 该公司从薪酬原则方面来看，存在哪些问题?（8 分）

2. 如果你是人力资源部经理，你会如何改进公司的薪酬管理措施?（12 分）

四、案例分析题二（20 分）

案例背景

华能集团公司拥有若干子公司，分别从事不同的业务，公司的绩效考评制度和计划由集团公司人力资源部制定和实施。

以中层干部绩效考评为例，集团公司人力资源部在原有的考评制度基础上，制定了中层干部考评办法。在每年年底正式进行考评之前，集团公司人力资源部颁布具体考评方案，由集团公司高层和各相关职能部门组成考评小组。考评的方式和程序通常包括：被考评者撰写述职报告，在自己部门内召开全体员工会议进行述职，民主测评（范围涵盖全体员工），向管理层甚至全体员工征求意见，考评小组写出评价意见并征求主管副总的意见后报公司总经理。考评的内容包括三个方面：被考评单位的经营管理情况，包括财务、经营、管理目标的实现等；被考评者的德、能、勤、绩及管理工作情况；下一步的工作计划。中层干部的个人考评结果以定性描述为主，这三方面占比为 60%、30%、10%。实际上，中层干部的考评结果最后还是由集团公司的领导掌握，尽管考评方案中明确说明考评与职位升迁、工资升降等方面挂钩，但是最后的结果还是不了了之，只是用于年终奖金的分配。

子公司领导对于下属业务人员的绩效考评通常是根据经营指标的完成情况来进行的；对于非业务人员的绩效考评，无论集团公司还是子公司均由各部门的领导自由进行。至于被考评的人员，他们不能及时从与直接主管人的沟通中获得自己业绩优劣的反馈。只有到了年度奖金分配时，部门领导才会对自己的下属进行一次简单的排序。

案例思考

1. 该公司的中层干部绩效管理中存在哪些问题?（8 分）

2. 该公司应如何加强绩效管理?（12 分）

专业技能模拟试卷二参考答案

一、项目策划题一（30 分）

答题思路

1. 人力资源管理中存在的问题（12 分）

（1）人力资源部没有结合组织战略进行人力资源规划，对组织未来的人才吸引、培养和管理重点不明确，没有有效进行人力资源的供给与需求分析，缺乏明确的人员招聘和晋升计划，导致经常存在人才缺失得到不及时补充的情况。

（2）缺乏各类专业岗位的工作分析，导致对岗位的任职要求不全面。

（3）没有系统进行员工招聘、培训开发与职业发展规划，人力资源的配置不合理，现有员工的成长性不足。

（4）没有核心人才保留计划，对重点员工激励不足，易导致人才流失，严重影响企业可持续发展。

2. 解决问题的建议（18 分）

（1）分析组织战略发展目标，盘点公司人员现状，做好人力资源供需预测，编制人力资源规划。

（2）进行工作分析，明确岗位职责，建立合理的任职资格或胜任素质模型。

（3）坚持人岗匹配的原则，有效进行招聘组织与管理，针对不同岗位要求选择合理的招聘渠道，运用科学的测评手段，不过度强调高学历。

（4）设计职业发展通道，制定和实施内部员工的培养机制、晋升机制和职业发展计划。

（5）及时进行员工满意度和敬业度调研，及时发现管理中存在的问题，调整保留骨干专业人才的策略和措施。

二、项目策划题二（30 分）

答题思路

1. 存在的问题（12 分）

（1）缺乏完善的人力资源规划，招聘工作比较匆忙。一次性招募 15 名门店经理，而又缺乏先期的储备，影响后续的招聘实施。

（2）门店经理招募的渠道较为单一。仅在招聘网站和报纸上刊登招聘启事，招聘的时间较短，导致候选人来源不足。

（3）门店经理岗位招聘选拔不够科学。由于缺乏明确的岗位标准，只是通过管理知识考试、面试了解候选人的教育背景、工作经历等基本情况，无法全面考察候选人实际情况和岗位的匹配程度。

(4) 公司对新入职的门店经理缺乏系统的岗前培训，导致岗位适应效率较低，工作效果达不到预期。

2. 改进招聘工作的措施（18分）

(1) 进行门店经理的岗位分析，构建该岗位的任职资格或胜任素质模型，作为选拔和评估的依据。

(2) 丰富公司的招聘渠道，建立内外部结合的招聘模式。一方面要拓展招聘渠道，建立与人才服务供应商的合作机制，丰富人才库；另一方面要在公司范围内发布招聘需求，提供一个内外部公平的竞争平台，不但为岗位挑选合适人才，也能对公司内部人才发展起到积极的作用。

(3) 完善门店经理等经营管理岗位人才的选拔机制。对于经营管理人才的选拔可以结合现状运用评估中心技术，全面考察候选人的胜任素质。

(4) 对新上岗的门店经理要进行岗前培训，一方面帮助其快速了解公司的企业文化和相关制度，另一方面进行必要的管理和业务培训，帮助其快速适应角色，提高工作效率。

(5) 结合公司未来业务发展需求进行门店经理等岗位的招聘规划，提前进行人才储备，在有新需求或相关员工流失时能及时补充合适人才。

三、案例分析题一（20分）

答题思路

1. 存在的问题（8分）

(1) 薪酬水平缺乏对外竞争性。公司的薪酬水平参照一般服务业公司，而并非同行业的标准，同时薪酬两年内仅仅是微调，缺乏市场竞争力，造成新招聘岗位无人应聘，影响公司整体业务的发展。

(2) 薪酬缺乏内部公平性。公司不同岗位的薪酬标准不能很好地体现出员工岗位的价值，造成员工认为“收入与付出比”不匹配。

(3) 薪酬结构缺乏激励性。公司的薪酬结构单一，没有绩效管理体系，使得员工感到做多做少、做好做坏一个样，无法激励骨干和业绩优秀员工的积极性，进而影响了员工的工作绩效和公司的进一步发展。

2. 改进薪酬管理措施的建议（12分）

(1) 了解公司发展战略目标和行业状况，为制定新的薪酬政策提供依据。

(2) 进行岗位评价，确定公司内部各岗位之间的差距和相对价值，体现薪酬内部公平性原则。

(3) 进行薪酬调查，了解市场薪酬情况，保证公司的薪酬水平符合所在地区同行业企业的平均水平，体现薪酬外部竞争性原则。

(4) 进行薪酬结构设计，包括薪酬等级、变动范围、相邻薪酬间隔等，并建立公司绩效管理和薪酬管理结合的机制，以使薪酬满足内部公平性、外部竞争性、员工激励性和企业经济性。

（5）完善薪酬制度建设，对薪酬进行预决算管理，加强公司的内部控制管理，保障公司经济运行和经营管理处于良性状态。

四、案例分析题二（20分）

答题思路

1. 该公司的中层干部绩效管理中存在的问题（8分）

（1）缺乏完整的中层干部绩效管理体系，绩效考评目的不清晰，用绩效考评代替绩效管理。

（2）缺乏明确的中层干部的绩效目标，考评指标设计不合理，没有从企业战略出发进行关键绩效指标的设计。绩效考评三方面的占比不合理，个人部分的绩效指标缺乏定量标准，易导致主观性。

（3）中层干部绩效考评结果客观性不足。绩效考评的制度与办法由人力资源部制定，中层干部考评最终的决策权在集团公司领导手里，易导致考评结果的主观性。

（4）中层干部绩效考评结果没有真正与其晋升、薪酬调整挂钩，导致绩效管理结果的激励性不足。中层干部绩效反馈面谈和绩效改进计划缺失，不利于改进中层干部的工作绩效。

2. 加强绩效管理对策（12分）

（1）通过绩效培训，帮助管理人员和员工明确绩效管理的目的，提高对绩效管理的认知，了解绩效管理的流程，有效参与绩效管理全过程。

（2）从公司发展战略、部门工作、员工任务出发，引导管理者和员工共同参与，分解目标，基于SMART原则确立关键绩效指标体系。

（3）保障绩效计划的实施，加强对被考评者的工作指导和监督，发现问题及时予以纠正，并随时根据实际情况对绩效计划进行调整和沟通，做好绩效过程的信息管理。

（4）改进绩效考评的方法，有效开展绩效考评，在考评周期内对员工绩效表现做出合理、公平的评估。

（5）注重绩效反馈。通过绩效反馈面谈使员工更好地了解自己的绩效考评结果，指出其提升的路径，改正其不足的方面。

（6）加强绩效考评结果的有效应用。绩效考评的结果与员工的晋升、薪酬调整等挂钩。

专业英语模拟试卷

一、翻译题（请将下面的英语译成汉语，汉语译成英语。每题 2 分，共 30 分）

1. downsizing
2. outsourcing
3. work permit
4. total quality management
5. strategy implementation
6. redundancy
7. functional job analysis
8. position analysis questionnaire
9. performance appraisal
10. managing diversity
11. 工作丰富化
12. 劳资关系
13. 海氏评价法
14. 因素比较法
15. 评估中心

二、单项选择题（下列每题的选项中，只有 1 个是正确的，请将其代号填在横线处。每题 2 分，共 20 分）

1. Individuals working internationally need to know as much as possible about all of the following host-country characteristics except ________ .

A. social and business etiquette

B. cultural values and priorities

C. political structure and current players

D. cultural trends

2. Which of the following is not a core skill that is critical for success abroad? ________

A. Physical fitness and mental maturity.

B. Effective delegatory skills.

C. Prudent decision-making skills.

D. Cultural adaptability.

3. If your primary objective for a performance appraisal is to give employees developmental feedback, which of the following appraisal methods should you use? ________

A. Trait method.

B. Results method.

C. Behavior method.

D. Attitudinal method.

4. Which of the following is not a primary impact that technology has had on HRM? ________

A. It has altered the methods of collecting employment information.

B. It has speed up the processing of employment data.

C. It has diminished the role of supervisors in managing employees.

D. It has improved the processes of internal and external communications.

5. Performance appraisal methods can be broadly classified as either ________, ________, or ________ approaches.

A. trait, behavioral, judgmental

B. trait, behavioral, results

C. behavioral, judgmental, results

D. behavioral, judgmental, attitudinal

6. Which of the following does not alter the nature of jobs and the requirements of individuals needed to successfully perform these jobs? ________

A. Downsizing.

B. Adoption of teams.

C. Stable growth in product demand.

D. Global change.

7. Wage survey data will normally be collected with the use of ________.

A. low-rated jobs

B. key jobs

C. high-rated jobs

D. strategic jobs

8. If you were developing a performance appraisal system for individuals on international assignments, it would be best to base individual's appraisals on information from ________.

A. host-country evaluations

B. home-country evaluations

C. both home-and host-country evaluations

D. peer evaluations

9. Which of the following is an example of a well-written performance standard? ________

A. Desk clerks are expected to check out approximately fifteen customers every half-hour.

B. Customer service representatives should be energetic and pleasant to customers.

C. Resident dorm advisers should be easily accessible to students.

D. Police should respond to a call within a short period of time.

10. Reasons for not hiring from within include all of the following except ________ .

A. motivational concerns

B. lack of qualified internal candidates

C. a need for new ideas

D. the risk of "employee cloning"

三、阅读理解题（阅读以下2篇短文并做短文后面的单项选择题。每题3分，共30分）

ONE

As the business world becomes increasingly global, the need for effective cross cultural communication is essential. Cross cultural communication in business plays a vital role in building international customers, employee relations and business partnerships. Cross cultural communication in business requires effort, technique and the addressing of different hurdles that commonly prevent communication from being effective.

Cross cultural communication in business plays a vital role in successfully establishing the product or service in a different area of the globe. When the communication is effective, the product or service is appropriately tailored to the cultural norms and expectations resulting in the use or purchase of the product. Ineffective communication cross culturally can offend, confuse or send a misunderstood message which could lead to broken relations with investors or employees.

Barriers: Language

A common cross cultural barrier in business communication is the use of language. Not every business globally does business in English. Even if they do, there can be different meanings for the same English word. According to the website of business communication group Kwintessential, language barriers come in the form of either the use of inappropriate language or the use of foreign languages.

Barriers: Culture

Each culture has a different set of values, business ethics, languages, behavior, expected etiquette and expression. Not knowing the differences in the country that the company is doing business in can lead to communication barriers that prohibit the messages from being effective.

Barriers: Company Culture

A company culture is the norms and expectations within a company. This can be the organizational structure, policies and specific procedures that create a unique culture within the company. Expanding business communication cross culturally requires the business to assess its current culture and identify any possible hindrances that the company culture may present in a different country.

Considerations

According to the University of Colorado, knowledge is the key to effective cross cultural business communication. Knowledge takes a step back and observes the differences between the two cultures and makes adjustments based on the observation. One approach to ensuring the cross cultural communication is being effective is to implement active listening that uses questions to clarify the message.

1. According to the passage which of the following isn't a barrier of cross culture communication? ________

A. Language.

B. Culture.

C. Company culture.

D. Attitude.

2. Which of the following statements about cross culture communication is false? ________

A. According to the survey language barriers come from the use of foreign languages.

B. Each culture has a different set of values, business ethics, behavior, etc.

C. People is the key to effective cross cultural business communication.

D. A company culture is the norms and expectations within a company.

3. Which role does not cross cultural communication in business play? ________

A. Building international customers.

B. Building employee relations.

C. Building business partnerships.

D. Building team spirit.

4. According to the passage, the author might most likely agree that ________ .

A. cross cultural communication in business requires the addressing of different hurdles that commonly prevent communication from being effective

B. a common cross cultural barrier in business communication is the use of people

C. expanding business communication cross culturally requires the business to assess its appraisal system

D. business communication is the exchange of messages related to companies through symbols, action and verbal words

5. This passage might be extracted from the paper about ________ .

A. something about cross culture

B. cross culture communication in business

C. importance of cross culture management

D. importance of cross cultural communication

TWO

Too often HR professionals focus more on helping others than on helping themselves. The HR principles that help business, when applied to the HR function itself, will improve it. HR for HR requires that HR professionals manage the following three sets of activities.

First, the professionals must do strategic HR, turning business strategies into organizational capabilities and organizational capabilities into actions. Strategic HR helps fulfill the promise of strategic decisions, and fulfilling promises helps organizations to develop successful relationships with their employees, customers, and investors.

Second, HR professionals must do HR strategy, crafting a point of view for the HR function. A point of view may be defined through an explicit vision, mission, mindset, or other descriptor. It sets the direction for the HR function and helps those both inside and outside the function to understand purpose.

Third, HR professionals must do HR organization, using HR strategy to strengthen the function. This process includes undertaking organizational diagnosis of the HR function itself, followed by any necessary improvements in hiring, training, compensating, organizing, and delivering HR work.

As HR professionals model the principles they preach, they gain credibility in their companies and increase the probability that they will be successful business partners.

1. What is the situation that HR may face with now? ________

A. HR professionals like to help others.

B. HR professionals focus more on helping others than on helping themselves.

C. HR professionals only need to help business.

D. HR professionals should stop helping others.

2. Which of the following can be inferred from the passage? ________

A. HR professionals must do strategic HR, turning business strategies into organizational capabilities and organizational capabilities into actions.

B. HR professionals must do HR strategy, crafting a point of view for the HR function.

C. HR professionals must do HR organization, using HR strategy to strengthen the function.

D. All the above.

3. The main idea of the first sentence in the passage is that ________ .

A. HR professionals should manage the three sets of activities

B. HR ignores themselves too often

C. HR needs to improve their function

D. HR professionals should help business as their priority

4. HR organization includes ________ .

A. undertaking organizational diagnosis of the HR function itself

B. followed by any necessary improvements in hiring, training, compensating, organizing

C. delivering HR work

D. all the above

5. The best title for the essay is ________ .

A. HR for HR

B. the principles of HR

C. the must-do activities of HR

D. HR strategy

四、写作题（根据以下要求用英语写作。共 20 分）

假设你所在的公司今年从人才市场物色了一位物流经理（logistics manager），经过几轮面试后，公司决定录用，从今年 5 月 1 日开始上班，除节假日外，每天的工作时间为 9：00—18：00，起薪为每月 8 000 元，试用期为 3 个月。现在需要你为这位物流经理拟定一份录用通知书（letter confirming employment），请你用英文完成这份录用通知书，内容必须包括其工作职责和其他相关事项（凡涉及人名，均用×××表示，请勿用真实姓名）。

专业英语模拟试卷参考答案

一、翻译题

1. 精简
2. 外包
3. 就业许可证
4. 全面质量管理
5. 战略执行
6. 冗员，冗余
7. 职能工作分析
8. 职位分析问卷调查
9. 绩效评估
10. 管理多元化
11. job enrichment
12. industrial relations
13. Hay profile method
14. factor comparison system
15. assessment center

二、单项选择题

1. D　2. B　3. C　4. C　5. B　6. C　7. B　8. C　9. A　10. A

三、阅读理解题

ONE　1. D　2. C　3. D　4. A　5. D

TWO　1. B　2. D　3. A　4. D　5. A

四、写作题

Answer（only for reference）

Letter Confirming Employment

Dear ×××：

I am pleased that you have accepted the position of logistics manager at our company，starting on 1st May. You shall perform the following duties and have the following responsibilities：

- Dealing with daily logistics work，including material receiving，goods shipping，license related application and customs clearance, to ensure all import/export and inland transactions run smoothly and effectively;

• Coordinating with local government for license application, commodity inspection and periodic audit for Customs Manufacturing Book and Bonded Warehouse Register Book etc;

• Performing daily system record updating and main training for in-time and accurate logistics related data;

• Keeping close cooperation with local/overseas logistics service supplier, such as Forwarder, Broker, Transportation Company etc to ensure smooth operation.

Please note that these duties and responsibilities are not exhaustive and that you may be expected to perform other reasonable duties and responsibilities should the need arise.

Subject to statutory holidays, your working hours are from 9: 00 to 18: 00, Monday through Friday.

Your starting salary/wage is RMB 8000/month. You will be on probation for 3 months during which time we may terminate your employment at any time without notice or payment.

Your supervisor is ×××. Please bring your ID card and see him/her on your first day, he/she will help you get settled.

We look forward to working with you. If you have any questions, please do not hesitate to contact me via email: ××××@×××. ×××.

Thanks and have a nice day.

Yours truly,
×××
Manager of HR Department
××× Co. Ltd

中文译文（供参考）

入职通知书

×××：

我很高兴您接受了我们公司物流经理这一职位，您将于 5 月 1 日入职。您将有以下工作职责：

• 处理日常的物流工作，包括物料接收、货物运送、相关执照申请和海关放行（结关)，确保进出口和国内运输作业良好有序地运转。

• 与当地政府部门协调进行执照申请、商品检验、周期审计相关文件，用于客户定制书和保税仓库登记簿。

• 每日系统资料更新，及时准确记录与物流相关数据。

• 与国内外物流服务供应商保持紧密联系，如运送者、经纪人、运输公司等，确保各部门正常运作。

请知晓除了上述所说的所有的工作职责，您也需承担其他合理的工作职责。

您享有法定假日，您的工作时间是从 9 点到 18 点，周一至周五。

您的入职薪酬是 8 000 元/月。您的试用期是三个月，试用期内我们可以随时提前解除劳动合同并不再支付剩余期限的工资。

您的主管是×××，请在您第一天上班时携带本人身份证向他/她报道，他/她会帮您安排入职的各项事宜。

很期待您能成为我们的一员。如果您有任何疑问请通过电子邮件×××@×××.×××联系我。

谢谢！祝您生活愉快。

×××

人力资源部经理

××公司

综合能力测试模拟试卷

口试案例

案例背景

大德公司是一家生产通风设备的民营企业，公司现有500多名员工。该公司所处行业的竞争性很强。在过去几个月中，公司因产品不合格已经失去了3个重要客户。经过深入调查发现，该公司的次品率为12%，行业平均水平为6%。

齐辉是该公司的人力资源部经理。齐辉和总经理在一起讨论后认为问题不是出在工程技术上，而是在生产操作上，有必要对员工进行适当的质量控制培训。总经理担心开展培训会影响生产进度。于是，齐辉将培训项目分解为4个单元（每个单元2小时）来进行，每周开展1个单元培训，并聘请了外部技术专家担任培训师。

齐辉向所有生产一线主管发出通知，要求他们检查工作记录，确定存在生产质量问题的员工，并安排他们参加培训。齐辉为培训项目设定了培训目标：在6个月内将次品率降低到行业平均水平。培训内容包括讲课、讨论和一部分影视资料的学习。在培训过程中，学员花费了相当多的时间讨论每个单元的案例。

由于公司缺少专门的培训场所，培训地点安排在公司的餐厅，时间安排在早餐与午餐之间，该时间段也是餐厅工作人员清洗早餐餐具和准备午餐的时间。在培训过程中，很多主管人员向齐辉强调生产的重要性。有些学员对齐辉抱怨说，那些真正需要培训的人员已经回到车间去了，他们都急着完成生产指标，否则将影响奖金。本来应该有大约50名员工参加的培训，实际上只有30名左右员工出席。

齐辉认为评价这次培训最好的方法是看培训结束后培训目标是否能够达到。但是培训项目结束后，产品的次品率并没有发生明显的变化。齐辉对培训没有能够达到预期目标感到非常失望，同时也感到压力很大。

案例思考

1. 该公司的培训在设计和实施过程中存在哪些问题？

2. 开展质量控制类培训的有效方法有哪些？

综合能力测试模拟试卷参考答案

答题思路

1. 培训在设计和实施过程中存在的问题

（1）培训需求分析不全面。没有充分理解公司的发展战略，缺乏与管理人员的深入沟通，培训未得到其充分重视。

（2）培训方式选择不合理。采用讲课、讨论等形式的培训方式不适合质量控制类培训，质量控制类培训操作性要求较强。

（3）培训组织管理不完善。培训场地、培训师、培训时间的选择缺乏合理性、有效性。

（4）培训评估不科学。缺乏有层次的培训评估，未能有效控制培训风险。

2. 开展质量控制类培训的有效方法

（1）质量控制类培训的操作性要求较强，培训应强调实践。

（2）可以选拔公司内部技术能力较强的人员建立内部培训师队伍，采取工作指导法或个别指导法来实施质量控制类培训。

（3）注重学员在实际工作岗位或真实工作环境中的亲身操作、体验，使其掌握工作中所需的知识和技能。

（4）将培训内容和实际工作相结合，强化实用性。同时，建立培训效果评估制度，注重培训成果的转化。